Wilhelm von Knobelsdorff

Zur Geschichte der Familie von Knobelsdorff

Wilhelm von Knobelsdorff

Zur Geschichte der Familie von Knobelsdorff

ISBN/EAN: 9783743481558

Hergestellt in Europa, USA, Kanada, Australien, Japan

Cover: Foto ©ninafisch / pixelio.de

Manufactured and distributed by brebook publishing software
(www.brebook.com)

Wilhelm von Knobelsdorff

Zur Geschichte der Familie von Knobelsdorff

Zur Geſchichte

der

Familie von Knobelsdorff.

Von

Wilhelm von Knobelsdorff,
Hauptmann im Garde-Füſilier Regiment.

(Als Manuſcript auf Koſten der Familie gedruckt.)

Sechstes Heft.

Berlin 1861.

Vermehrüng des Wappens

vom 22. October 1632

Martin

Maximilian von Knobellßdorff,

auß dem Hause Neu-Bielau,

Kaiser Ferdinandß II., Ferdinandß III. und Erzherzog Leopold Wilhelmß Rath, Kaiserlich Königlicher Oberamtß-Canzler in Ober- und Nieder-Schlesien, Sacrae Palatii Caesarei et Aulae Lateranensis Comes (Pfalzgraf), Eques Auratus und Erbherr auf Kammendorf, Sachwitz, Straben, Nieder-Fürstenau, Oclitz und Ullersdorf.

———

Berlin 1860—61.

Eine Persönlichkeit vergangener Jahrhunderte zu würdigen, muß man sich unbefangen in die uns fremd gewordene Welt der Ideen, Empfindungen und Sitten, in die Begriffe von Recht und Unrecht, wie in die vorherrschenden Richtungen ihrer Zeit zu versetzen suchen. Man darf sich von den Anknüpfungspunkten mit der Ideenwelt unserer Tage nicht bestechen lassen, sondern muß, so schwer dies ist, vollständige Objectivität zu behaupten suchen. Mit diesen Vorsätzen ging der Verfasser an das folgende Lebensbild. Wenn er dennoch ungerecht erscheinen sollte; so mag man es dem Groll zu Gute halten, mit dem er nun einmal auf Martin Maximilian von Knobelßdorff zurückschaut, weil dessen Wirken, einen gewichtigen Punkt ausgenommen, in schroffem Gegensatz zu den Bestrebungen und der ritterlichen Denkungsweise unseres Geschlechtes stand. Dieser Gegensatz aber und die eigenthümlichen Verhältnisse, welche nöthig waren, ihn herbeizuführen, beantworten die Frage, warum wir gerade diesen Mann zum Gegenstand specieller Besprechung wählten? Das Seltsame an ihm, ein Parvenü alt adeligen Herkommens zu sein, verleiht einen gewissen Reiz; aber wäre dies auch nicht, wir glauben die Zeichnung eines Bildes nicht unterlassen zu dürfen, an dessen dunklen Flecken die Mehrheit seines Geschlechts eine Folie findet. Wir wollen überdies mit unsern Lebensbildern keinen Weihrauch streuen, sondern die Wahrheit reden, und können diese nicht verschweigen, wo die traurige Wirksamkeit Eines der Unseren, die schlesische Heimath dem Kaiserhaus entfremden, den preußischen Besitz derselben vorbereiten half. Das geschichtliche Element im Wesen des Adels ist sein eigentlichstes und unverwischlichstes.

43

Wie aus versiechter Triebkraft ist ein Zweig des alten Stammes seit Gene=
rationen in kleinliche Verhältnisse hinabgesunken; als plötzlich aus dem win=
zigen Gestrüpp wieder eine Tanne aufschießt. Zwar schwellen an ihr die Ge=
brechen niedriger Herkunft durch die neuerwachte Triebkraft zu mißgestalteten
Auswüchsen an und bilden jenen Gegensatz; aber sie können Eines nicht über=
wuchern: die feudale Treue. Leider erscheint auch diese als eine vernunftlose
Mißgeburt; doch gern ehren wir in ihr das unverwüstliche Erbtheil der Urväter.
Sie und die Falkenart, die an Martin von Knobelsdorff zur Anschauung
kommt, neben den Makeln, welche ihm ankleben, als hätte die kleine Lebens=
und Denkungsweise von Generationen sie angeheftet, sind zwar eine Augen=
weide adeliger Vorurtheile, denen die Ursachen für solche Wirkungen nicht
fehlen werden; aber sie dürften reicher an Lehren sein, als eine lange Reihe
erhebendster Beispiele.

Um das Jahr 1472 wandten sich vier Brüder der Schädel von Knoblochsdorff aus der Grafschaft Glatz in die Schweidnitz-Jauer'schen Fürstenthümer und erkauften Neu-Bielau bei Reichenbach. Der eine war geistlicher Domherr zu Breslau, des anderen Sohn Christoph lebte noch 1492, von einer Descendenz des dritten ist nichts bekannt geworden, und die des letzten zog meist in das preußische Ordensland. Hiermit endigen die Nachrichten über die Schicksale der Knobelsdorffs zu Neu-Bielau[1]). Wir vermuthen, daß ihre Nachkommen mit dem Gut kein Glück gehabt haben, da ein Theil derselben sein Fortkommen in Preußen sucht; ja wir meinen, daß es den Zurückgebliebenen traurig und immer trauriger ergangen sein muß. Denn, wenn es bei dem Adel des sechszehnten Jahrhunderts schon eine Seltenheit war, sich dauernd städtische Wohnsitze zu wählen, wenn es außerordentlich schwer hielt, ihn zur Annahme städtischer Aemter zu bequemen; so bedurfte es sicherlich mehr denn eines Jahrhunderts und der drückendsten Umstände, ihn zu bürgerlichen Gewerben hinabzubeugen. Im Anfang des siebenzehnten Jahrhunderts finden wir aber in dem nahen Reichenbach Träger jenes Namens 1601 und 1608 als Sichelschmied, 1621 als Schneider.[2]) Martin Maximilian von Knobelsdorff, der Held dieses Aufsatzes, gehörte zu ihnen; denn sein eigener Bruder, Hertwig Knoblochsdorff — es ist diese Verwandtschaft kaum zu bezweifeln[3]) — war jener Schneider, der sich 1621 mit des Schneidermeisters Hempe Tochter verehelichte.

Der schlesische Chronist Lucae behauptet[3]): Martin stamme garnicht aus dem adeligen Geschlecht der von Knobelsdorff. Denjenigen, dessen Streben und Wirken wenig zu seinen niederschlesischen Vettern paßt, streicht er in ihren Stammbäumen, als wollte er ihnen einen Dienst damit leisten. Wir geben ihm Unrecht, müssen aber seinen Irrthum nachweisen, ehe das Interesse des gütigen Lesers in Anspruch zu nehmen ist. — Der Chronist Sinapius, vorsichtiger als Lucae, sagt: es gehöre Martin nicht zu dem Glogauisch-schlesischen Geschlecht der von Knobelsdorff, und so ist es allerdings; denn wir halten ihn für einen Abkömmling jener alten Linie in der Grafschaft Glatz, welche nachmals Neu-Bielau besaß. In der That nennt sich Martin auch in allen Documenten mit dem Zusatz: „und Neu-Bielau", welches „und" gleichbedeutend ist mit dem später üblichen „aus dem Hause." Ferner liegt uns das gemalte Wappen seines Vaters vor: Schild und Helmzier unseres

---

[1]) Das schles. Prov.-Arch. hat vor mehreren Jahren durch unerhörten Diebstahl einen großen Theil der hier einschlagenden Lehnbücher eingebüßt. Ueber Neu-Bielau s. auch p. 137—140.
[2]) Kirchenb. zu Reichenbach. [3]) p. 1903.

Geschlechts, doch mit der Abweichung des blau und roth, statt blau und silbernen
Querballens im rothen Felde, eine Abweichung, die zu unheralbisch ist, um Anders
als durch das lange, schlicht bürgerliche Leben der Träger dieses Wappens erklärt zu
werden.[1] Der Hauptgrund der Angabe Lucaes war ohne Zweifel, daß er von der
Existenz eines Wappenbriefes wußte, der 1632 für Martin Knobelßdorff ausgestellt
worden ist und den er, unbekannt mit seinem Wortlaut, für ein Adelsdiplom gehalten haben muß. Aber gerade dieser Brief Kaiser Ferdinands II., auf den wir später
zurückkommen, liefert die unzweifelhaftesten Beweise gegen Lucae und sagt deutlich,
daß Martin wegen seiner adeligen, guten Sitten ꝛc. und seiner Voreltern treu geleisteten Dienste in Krieg und Frieden „sein zuuor gehabt adelich Wappen" bestätigt
und verbessert werde. Nirgend ist von seiner Erhebung in den Adelstand die Rede;
es heißt vielmehr: Wir wollen, daß er und seine Leibeserben „wie bißhero, also
„auch hinfüre in ewig Zeit, rechtgeborne Leheus-Thurniersgenoß, vnd Ritter-
„messige Edelleuth sein ꝛc. genennet vnd geschrieben werden." Hiernach scheint
es klar, daß Martins Adel geruht hatte und deßhalb einer kaiserlichen Anerkennung
bedurfte und daß Martin unserem Geschlecht angehört, so wenig sich unser Stolz
seiner freuen kann. —

Sein Vater nannte sich Knoblochsdorff und war Advocat und Bürger zu Reichenbach. Er starb im Januar 1596 und hinterließ eine Wittwe Barbara, geborne Bitt-
mann, die noch vierzehn Tage nach ihres Eheherrn Tode zu Frankenstein einen Sohn
gebar und ihn Martin und Maximilian taufen ließ.[2] Martin hieß der Vater,
Martin der Sohn, beide nach dem großen Reformator, dessen Lehre fast ganz
Schlesien, geschützt durch die factische Toleranz seiner Kaiserlichen Herren Ferdinand I.
und Maximilian II. wie seiner Oberhauptleute, schon längst mit größtem Eifer an-
hing. Wenn auch seit 1576 unter dem schwachen Kaiser Rudolph die Unterdrückung
des Protestantismus zur Regierungstendenz gelangt war und sich der Katholicismus
durch innere Reinigung wie durch Entfaltung seiner geistigen und materiellen Kräfte
wieder gehoben hatte; so konnte dies, da die neue Lehre schon zu tiefe Wurzeln
geschlagen, doch nur einen lebhaften Kriegszustand zwischen den Protestanten und
Katholiken wach rufen. Diese Streitigkeiten waren nicht frei von weltlichen Beziehungen. Die Stände hingen in den kaiserlichen Landen fast überall der Reformation an,
und da sie die Steuern zu bewilligen hatten, von den Kaisern aber seit Ferdinand I.
die absolute Gewalt erstrebt wurde; so sah man in Wien mit scheelen Augen diese
Lehre an, die den Ständen eine stete Ursache der Opposition in die Hand gab und
sie gleichsam zu Vertheidigern der höchsten Freiheiten gegen kaiserliche Seelentyrannei
stempelte. Um die Zeit von Martins Geburt ist jener innere Krieg und die katholische, durch inneren Aufschwung, aber auch durch List und Gewalt betriebene Gegenreformation im besten Gange. Martin Maximilians erster und zweiter Name zeigen,
mit welchem Eifer seine Angehörigen sich zur neuen Lehre bekannten und das An-

---

[1] M. v. K. hat diesen Fehler später, als er wappenkundiger Comes palatinus war, zu verbessern
gesucht. Auch ist der Ballen senkrecht statt schräg abgetheilt, was jedoch nichts bedeuten will, da diese
Abweichung auch bei anderen Linien vorkommt.

[2] Sie war vielleicht eine Frankensteinerin. Conradi Silesia togata. Universal-Lexr. u. Schles.
Kern-Chronik; nach Lucae zu Reichenbach geb., doch enthält d. Kirchenb. nichts.

denken des edlen und, man kann es sagen, protestantisch gesinnten Kaiser Max 1564—1608. segneten.

Die Schließung vieler evangelischen Kirchen, die Beschränkung der Religions-freiheit des Adels, die Bedrückung der protestantischen Fürsten und die Begünstigung der Jesuiten, welches Alles unter Rudolph eintrat, spornten das protestantische Volk zum Widerstand. Unser Martin besuchte damals die sogenannte lateinische Stadtschule in dem protestantischen Reichenbach.[1]) Fürsten und Stände erhoben sich, ihrer Pflicht bewußt, ein Schirm des Throns aber auch des Volks zu sein, zum Schutz der höchsten Güter und halfen den Religionsbeschwerden, auf welche Niemand Rücksicht nahm, nun selbst ab. Während 1608 in Deutschland Religionsbündnisse entstanden, in Un-garn, Mähren und Oestreich jenes Gebaren Rudolph den Thron kostete, während in Böhmen der alte Geist des Aufruhrs wieder erwachte, der bald einen dreißigjährigen Krieg entzünden sollte; eiferte man in Schlesien, durch Furcht und Mißtrauen in Parteien gespalten, wie in Böhmen für den Glauben und erhitzte sich zu schroffer Widerspenstigkeit und tiefster Erbitterung. Etwa um diese Zeit kam Martin auf das protestantische Gymnasium zu Brieg, welches seit 1604 durch dessen Director Dr. Schickfuß zu großer Blüthe und Ansehen gefördert war.[2]) Wie an allen protestan-tischen Schulen so gehörten auch in Brieg die meisten Lehrer, deren Hauptgegen-stände in den alten Sprachen und in den evangelischen Lehren bestanden, der Gottes-gelahrtheit an. Die Schüler mußten den Catechismus deutsch, lateinisch und griechisch auswendig lernen und machten selbst einen Cursus theologischer Polemik durch. Täg-lich wurde ein Abschnitt der Bibel oder des Catechismus erklärt und so die Jugend schon zum Dogma geschult und in dem allgemeinen Haß gegen alles Papistische groß gezogen.[3]) Martin war ein begabter Jüngling und schon damals wird er den emsigen Fleiß entwickelt haben, durch den sich sein ganzes Leben auszeichnet. Die bestimmte Richtung dieser Anstalt, jene allgemeine Erbitterung der Protestanten können kaum ohne Einfluß auf ihn gewesen sein, und dennoch verlief sich sein Leben in ganz entgegengesetzte Richtungen. Wir werden nur annähernd versuchen können, dies Räthsel zu lösen.

Die damaligen Parteien vermischten ihr religiöses Interesse mit ihrem politischen, betrachteten einander voll Haß und leisteten den Glaubensgenossen, verweigerten der Regierung Hilfe, wenn auch kein erlittenes Unrecht für jene sprach, wenn auch die Aufrechthaltung der Ordnung Gehorsam erheischte. So bildete sich eine katholische Hof-, eine protestantisch-revolutionäre Partei. Demungeachtet war Schlesien auf Seite der Protestanten, besonders in den kleineren Städten, an Unentschiedenen reich, deren Gewissen ihnen Treue gegen Gott abforderte, die aber auch in Treue nicht vom Kaiser lassen wollten. Ohne bestimmte Angaben glauben wir Martins Vater zu dieser Art von Ehrenmännern rechnen zu müssen; weil Martin, der Sohn, in

¹) Henelius ab Hennenfeld. Silesiographia renovata. sub Reichenbach. Naso. Phönix redi-vivus d. Fürstenthr. Schweidnitz u. Jauer. p. 203.

²) Lucae p. 1903. Dr. Sch. hatte das Rectorat bis Ende 1613, wurde Kaiserl. Rath und Ober-Fiskal in Schlesien, geadelt, † 1637.

³) Wuttke. Entwickel. d. öffentlichen Verh. Schlesiens. B. I. p. 227. Diesem Werk und (Menzels) Gesch. Schlesiens sind wir betreffs der allgem. Verh. meist gefolgt.

1609—19. vielen Schriftstücken die Treue seiner Vorfahren gegen das Kaiserhaus zu sehr hervorgehoben, auch Ferdinand II. dieselbe zu oft und bestimmt anerkannt hat. Wir glauben, die Ueberlieferungen feudaler Treue waren in seiner Familie so lebendig erhalten, daß sie ihn, der Zeitströmung wie der Brieger Schule zum Trotz, wenigstens vor dem Extrem der protestantisch-revolutionären ·Partei behüteten. Den Rest des Räthsels zu lösen, wird die Reihe der Thatsachen übernehmen, welche das Abbild seines Charakters allmälig entwickeln soll.

Noch während seiner Gymnasialstudien, im Jahre 1609, erzwangen die protestantischen Stände Böhmens und Schlesiens, die letzteren sich im Uebrigen die Treue gegen den Kaiser reservirend, die Majestätsbriefe, die ihnen Religionsfreiheit zusagten und jubelnd begrüßt wurden. König Mathias verdrängte 1611 den Kaiserlichen Bruder auch von dem böhmischen Thron, er bestätigte zwar die Majestätsbriefe; doch bald bedrückte er die Protestanten ärger als Rudolph: finsterer Unwille machte dem Jubel Platz. (Eingedenk der Hussitenzeit, erneuerten die Böhmen 1615 die Conföderationen mit Schlesien und der Lausitz, welche die Majestätsbriefe erwirkt hatten, und dachten schon an gewaltsamen Widerstand. Damals auf der Universität zu Prag studirte Martin die Rechte, nahe dem Heerd, auf welchem sich das gewaltigste Ereigniß entzündete. Noch hielt man aber an der Treue gegen das Erzhaus fest und wählte 1617, bei Lebzeiten des Mathias, Ferdinand von Grätz aus der steyerschen Linie der Habsburger zum König, ob man ihn auch als einen Zögling der Jesuiten und eifrigen Katholiken kannte. Er beschwor die Majestätsbriefe und wurde überall anerkannt. — Da schleuderten die Ereignisse von Klostergrab und Braunau das Zündkraut in die Mine. Auf Beschwerden folgten Drohungen; man warf Martinitz und Slavata am 23. Mai 1618 vom Hratschin zum Fenster hinaus und der Aufruhr begann. (Es ist unwahrscheinlich, daß Knobelsdorff während dieser Unruhen in Prag geblieben sei. Zu friedliebender Natur und zu sehr in der Anhänglichkeit an das Erzhaus erzogen, um sich mit dem tumultuarischen und kriegerischen Auftreten der Böhmen zu versöhnen, nehmen wir an: daß er um diese Zeit, wie Lucae berichtet, sich von Prag entfernte und auf verschiedenen anderen Universitäten sich weiter „in der Gelahrtheit perfectionirte.“[1] Wir können dem zwei und zwanzigjährigen Studiosus auf seinen Fahrten von Hochschule zu Hochschule nicht folgen: — unsere Quellen schweigen darüber — wo das Kriegsgetöse am wildesten brauste, vermuthen wir ihn nicht; wohl lebte er fern davon seinen Studien und wich der trostlosen Entscheidung aus, der die unerbittlichen Ereignisse im Vaterlande auch die Unentschiedenen zudrängten.

Wir erinnern kurz an die Weltbegebenheiten seiner wissenschaftlichen Wanderzeit. Das Waffenglück war mit den Böhmen und riß die Schlesier so unaufhaltsam mit sich fort, daß sie Kaiser Mathias Tod nicht mehr aufhalten konnte. Wußte man doch, daß von Ferdinand II., der vor der Jungfrau von Mariazell geschworen, den Protestantismus auszurotten, nichts zu hoffen sei. Schlesische Truppen kämpften gegen ihn, man erklärte ihn des Thrones verlustig, rief Friedrich V. von der Pfalz

---

[1] Nach den Aufzeichnungen seines Enkels ist er 13 J. 10 M. in fremden Landen und Peregrination gewesen, wobei seine Schulzeit in Brieg mitzurechnen sein wird.

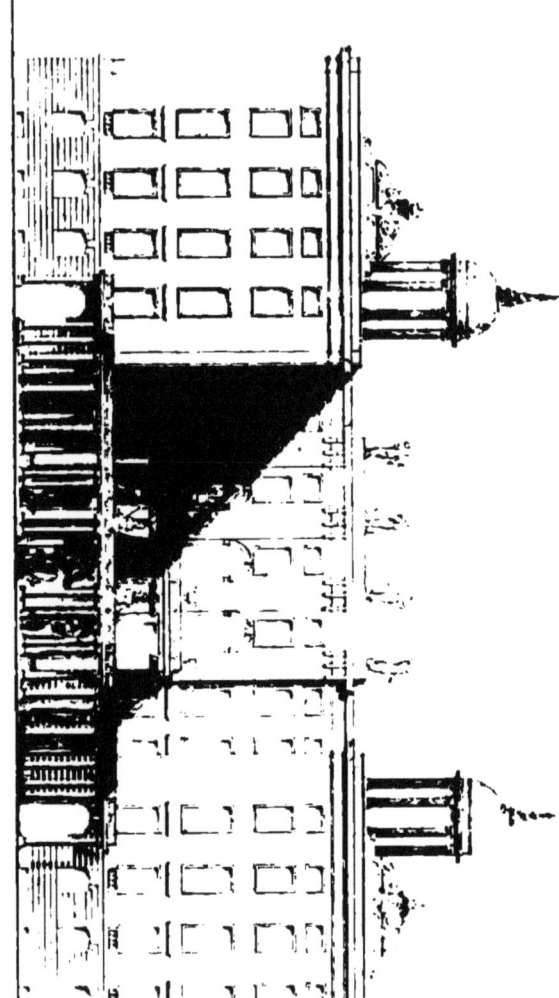

DAS HERZOGLICHE SCHLOSS ZU DESSAU
nach dem landesherrlichen Entwurfe

Ruge's Verlag Buchh. in Berlin

Lith. Anst. v. Leopold Kraatz in Berlin

zum König aus und nur wenige Schlesier huldigten diesem Fürsten nicht. Gegen 1620—26. diese Ereignisse nahm die katholische Welt einen großartigen Aufschwung und der kluge und standhafte Ferdinand wußte ihn auszubeuten. Er schlägt den armseligen Winterkönig 1620 auf dem weißen Berge, straft die rebellischen Böhmen durch Tod, Verbannung und Einziehung ihrer Güter, unterdrückt die neue Lehre mit Gewalt. Nur weil Friedrichs Feldherrn: Mansfeld, Baden-Durlach, Christian von Braun-schweig, Graf Thurn und der Markgraf von Jägerndorf jetzt den Krieg über Deutsch-land verbreiteten, war die Stunde, auch gegen die Schlesier einzuschreiten, noch nicht gekommen.[1]) In bangster Furcht sahen sie der eisernen Hand des Rächers entgegen und nahmen freudig die von Sachsen dargebotene Vermittelung an. Es kam im Fe-bruar 1621 der sächsische Accord zu Stande, der sie zu retten schien, sie in ihrem Glauben schützte und die Verzeihung des Kaisers vermittelte. Nachdem darauf der Markgraf in Oberschlesien besiegt und Thurn in Glatz zur Uebergabe gezwungen war, herrschte in Schlesien Ruhe; im Reich brannte der Krieg noch fort. Ferdinand hatte den schlesischen Gesandten, die seine Verzeihung erbaten, gesagt, daß er für immer ihr gnädiger Kaiser sein wolle und daß er hoffe, sie würden ihr Versprechen der Treue nun ebenfalls halten. In diese Zeit, 1621 oder 1622, wo der Leidens-kelch an Schlesien vorübergegangen, im übrigen Deutschland aber die Drangsale des Krieges heimisch schienen, legen wir — nach vierzehnjährigem Umherziehen — Martin Knobelsdorffs Rückkehr in die Vaterstadt.[2]) Er konnte behaupten, dem Kaiser nie untreu gewesen zu sein; war er auch der Versuchung von 1619 und 1620 wie den Gefahren dieser Zeit nur klug aus dem Wege gegangen. Zum tüchtigen Juristen herangereift, mag er sich nun in Reichenbach als Advocat ernährt haben, wo er ohne Zweifel vom Vater das Haus ererbt hatte, als dessen Besitzer er 1632 genannt wird.[3]) Sein Vermögen scheint sich nun in den Jahren der Ruhe, vielleicht mit geschickter Benutzung der damaligen verwilderten Geldwirthschaft, so an-sehnlich verbessert zu haben, daß man dem gelehrten und wohlhabenden Bürger die Würde eines Consuls von Reichenbach nicht vorenthielt. So betitelt ihn 1626 das dortige Kirchenbuch, wie auch als Juris utriusque, beider Rechte, Candidatus.

Deutschland schien beruhigt, als sich 1625 der niedersächsische Kreis unter Christian von Dänemark bewaffnete: neuer Krieg. Wallenstein wirbt dem Kaiser mit leichter Mühe ein Heer und schlägt Mansfeld an der Dessauer Brücke, der darauf mit seinen schlimmen Horden 1626 durch Schlesien nach Ungarn zieht und von den schlimmeren Wallensteinern verfolgt wird. War es hellsehenden Schlesiern schon vorher deutlich geworden, daß Ferdinand den sächsischen Accord zu halten nicht Willens sei; weil da, wo sein Kriegsvolk stand, auch der Religionsdruck begann und seine Widersacher Güterconfiscationen-trafen; so war es natürlich, daß Mansfeld jetzt in Schlesien viel

---

1) Dessenungeachtet wurde schon 1620 dem Tobias v. Knobelsdorff auf Hirschfelde wegen Theil-
nahme an der „böhmischen Rebellion" und, wie es hieß, wegen ärgerlichen Lebenswandels sein Gut
confiscirt; er starb elend im Exil.

2) Rechnet man, daß er im Jan. 1596 geb. und mit c. 12 J., etwa 1608, auf das Gymnasium
gekommen ist, so ergiebt seine fast 14jährige Peregrination (13 J. 10 M.), daß er um 1622 heim-
kehrte. Dies paßt so auffällig mit den Weltereignissen und seinem Charakter zusammen, daß wir
nicht anstanden, Obiges anzunehmen.

3) Sein Vater war Bürger zu Reichenbach.

44

Unterstützung fand. Viel' junge Adelige schloffen sich seinem abenteuerlichen Zuge an. Dies galt als Vorwand, den Accord mit Füßen zu treten. Als König Christian von Tilly bei Lutter geschlagen war[1]) und Wallenstein ganz Schlesien besetzt hatte, trat für dies Land diejenige Wandelung der öffentlichen Verhältnisse ein, die auf Knobelßdorffs Leben den größten Einfluß hatte. Ferdinand II. zog die Güter derer ein, die Mansfeld Vorschub geleistet hatten oder strafte sie mit dem Leben; katholisch werden konnte allein die grausamen Strafen mildern. Dann griff er nach den politischen Rechten des Landes: sein Sohn Ferdinand III. ohne Antheil an der Regierung zum König von Böhmen ernannt, trat für die Erbfürstenthümer in das Fürsten-Collegium, wodurch man die Stimmenmehrheit gewann. Das Schlimmste aber war, daß auch Wallenstein eintrat, seit 1627 Herzog von Sagan, ein Herzog, wie es in Schlesien noch keinen gegeben hatte, der fast der Gebieter seines Kaisers, wie der Schrecken aller Länder war und lachend jedes Recht mit Füßen trat. Jede Beschwerde wurde an den Generalissimus geschickt, der die Fürsten und Stände geringschätzig behandelte und Steuern auflegte, rauben und plündern ließ, so viel er wollte. Die Tyrannei erreichte den Grad, daß sie Alles gleich machte; Fürsten, Adel, Bürger und Bauern seufzten unter dem Druck der zügellosesten Soldateoca, so daß nie die Begriffe von Recht und Unrecht in einem Lande so tief erschüttert worden sind, als damals in Schlesien. Wir wissen von Martin Knobelßdorff, daß er diese Zeit in Reichenbach verlebte. Am 21. September 1626 heirathete er Maria, die hinterlaffene Tochter des deutschen Schulhalters und Stadtschöppen daselbst, Christoph Kadloff, welche ihm 1627 eine Tochter gebar.[2]) Ein Jahr darauf wird er unter dem Titel eines Stadtvoigtes verzeichnet, ohne daß wir den Umfang dieses Amtes zu erkennen vermögen. Ob die traurige Lage des Landes auch seinen Wohlstand bedrückt, ob die allgemeine Erschütterung des Rechtsbewußtseins auch das seinige angetastet hat? wir wissen es nicht. Wenn wir vermuthen, daß seine Gewandtheit das Unerträglichste von sich abzuwenden verstanden; so zweifeln wir doch, daß jene Verwirrung der Rechtsbegriffe ihn allein verschont haben könnte.

Bald griff nun Kaiser Ferdinand auch nach den höchsten Gütern des Menschen. Der päbstliche Nuntius Cardinal Caraffa, in Böhmen und Mähren mit der Gegenreformation fertig, erschien zu gleichem Zweck in Schlesien, wo der Obrist Burggraf Carl Hannibal zu Dohna sein eifrigstes Werkzeug wurde. Von Mähren her berüchtigt, kamen die Seligmacher, die Lichtenstein'schen Dragouer, im October 1628 nach Glogau, brachen in die Häuser der Protestanten, und hausten fürchterlich, versichernd, daß man sie los sein könne, sobald man katholisch werde. Die Standhaften wurden immer stärker, endlich mit ganzen Compagnien belegt, jemehr Unbeständige sich von der Last befreiten. Entfliehen, das war unmöglich; Alles hingeben, das nahm man nicht an; denn „du sollst katholisch werden," hieß es. Einige ließ man nicht schlafen, Andere jagte man so lange umher, bis sie communicirten. Kranken steckte man mit Gewalt die Hostie in den Mund, Wöchnerinnen nahm man das Kind, bis der Mann übertrat. Die Kirchen waren gleich Anfangs fortgenommen, der Rath mit

---

[1]) D. 24. August 1626.
[2]) Kirchenb. Die deutschen, zum Unterschied von den lateinischen Schulen, waren elementar, für Knaben u. Mädchen.

Katholiken besetzt worden, und schließlich mußten alle Zünfte unterschreiben, daß sie 1626—29. freiwillig katholisch geworden seien. Aehnlich verfuhr man darauf in Freistadt, Grünberg, Sprottau, Schwiebus, Polkwitz, Guhrau ꝛc. Dohna rühmte sich, mehr zu vermögen als Petrus, der an einem Tage 3000 durch e i n e Predigt belehrt habe: ihm wäre oft weit mehr o h n e Predigt gelungen. Den Adel und seine ländlichen Unterthanen wollte Ferdinand noch schonen und ließ sie bei ihrem Glauben: divide et impera, ebenso blieben die Breslau, Liegnitz, Brieg, Wohlau und Oels'schen Fürstenthümer, meist aus Rücksicht für ihre Herzöge, verschont. Aber die Erbfürstenthümer Oppeln und Ratibor, Schweidnitz und Jauer waren nicht so glücklich; denn im Januar 1629 drangen die Seligmacher in Schweidnitz ein und wiederholten dort, bald auch in Jauer, Löwenberg und vielen anderen Orten, die Gräuelscenen von Glogau. Am 20. Januar langte die Schreckensnachricht in Reichenbach an, daß die Lichtensteiner in Schweidnitz seien, und eine Kunde folgte der andern von den Qualen, die sie dort den Bürgern auflegten. Zitternd sah das evangelische Städtchen der Zukunft entgegen; denn es war klar, was es zu erwarten hatte. Da schickt Graf Dohna den Befehl herüber: „Reichenbach habe sich in vier Stunden zu erklären, ob es katholisch werden wolle; wo nicht, werde er es mit Feuer und Schwert dazu zwingen." Allgemein war die Bestürzung und das Wehklagen; mußte man doch, daß Dohna kein Mann leerer Drohungen war. So fügte man sich denn in Hoffnung besserer Zeiten und die Prediger, Schullehrer nebst einigen Bürgern verließen den Ort. — Am 25. zog ein Fähnlein Lichtensteiner mit zwei Jesuitenpatres in die Stadt. Der Rath, die ersten Bürger und mit ihnen Knobelßdorff, mußten auf dem Rathhause den lügenhaften Revers unterschreiben, daß sie freiwillig katholisch geworden;[1] dann führte man sie in Procession, den Magistrat an der Spitze, und anderen Tages die Frauen, in die wieder katholisch gemachte Pfarrkirche, um durch das Abendmahl den Uebertritt zu beglaubigen. Mit welchem Schmerz dies Alles geschah, wie sehr es der innersten Ueberzeugung der Reichenbacher widersprach, zeigt ihr nachmaliges Verhalten zur Genüge.[2] Martin Knobelßdorff aber, sei es aus Berechnung oder weil er den geleisteten Schwur nicht brechen wollte, ward ein eifriger Katholik.

Als der Oberhauptmann, Herzog Georg Rudolph von Liegnitz, gegen die Dragonaden Vorstellungen machte, und sich auf den sächsischen Accord berief, fiel er in Ungnade und trat vom Amte zurück. Der Kaiser benutzte dies, regierte das Land durch bezahlte Beamte und verlieh, als er demselben endlich in seinem Anhänger, Herzog Heinrich Wenzel von OelsBernstadt, einen neuen Hauptmann gab, nicht das Amt von ehedem, das einem Vicekönigthum glich; sondern gleichsam nur die Präsidentschaft eines Rathscollegiums, das er besetzte und besoldete. Man bedeutete den Herzog, daß Ferdinand, wie überall so in Schlesien, ein absolutum dominium wolle. Dem Kaiser zu widerstreben, ihm, der zum zweitenmale Sieger, allgewaltig in ganz Deutschland wieviel mehr in seinen Erblanden war, erschien wie ein Werk des Wahnsinns. Wessen Seele daher voll war von Vertrauen auf Gott, hoffte und duldete, nur Wenige eilten zu den Fahnen der überall geschlagenen Protestanten, Viele flohen,

---

[1] S. Urkb. Beil. z. d. Biogr.
[2] Weinhold. Gesch. der evangel. Gemeinde in R. 1842.

41*

1689—90. das Land, wo man ihre Seelen in Fesseln legte, und der Ueberrest machte aus der Noth eine Tugend. Armes zertretenes Volk, wie in deinen heiligsten Empfindungen so auch gebrochen in deiner weltlichen Kraft! wer darf in dir nach Charaktergröße suchen? — Man brauchte Beamte, denn aus den Ehrenämtern wurden Soldämter: Oberamtsräthe, Fürstenthumshauptleute, Fiscale, Steuereinnehmer, Königsrichter, Bürgermeister, Magistrate, und Alle sollten Katholiken sein. Welche Fundgrube der Stellenjägerei für die Proselyten! Wallenstein war ja auch ein ehemaliger Ketzer, ein armer Edelmann und nun ein Herzog von Mecklenburg, Friedland und Sagan, groß durch Geist und Charakter, reich durch die eingezogenen Güter der Rebellen. Welche Aussichten! Aus Mangel geeigneter Personen mußte man oft zu den ungebildetsten und verworfensten seine Zuflucht nehmen; was durfte da Knobelsdorff hoffen, falls er sich entschloß, in des Kaisers Dienste zu treten, er, der sich doch zu den ehrlichen Leuten und mit Recht zu denen zählte, die etwas Tüchtiges gelernt hatten!

Solch' ein Entschluß bedurfte freilich der Ueberlegung. Dem Gestirn Ferdinands sich anzuvertrauen, wäre nichts Bedeutendes gewesen; hätten nicht seit dem Juli 1630, wo Gustav Adolph von Schweden zum Schutz der Protestanten gelandet war, diese die ersten Erfolge seiner Waffen frohlocken gemacht. Die Annahme einer kaiserlich-königlichen Bestallung hieß, außer den drohenden Gefahren, sich die Rückkehr zum Glauben der Väter auf immer verlegen und die Parteilosigkeit aufgeben, in der man in den schlesischen Städten, schwankend zwischen Pflicht und Gewissen, nur zu gern verharrte. — Es gehörte zu Martins achtenswerthen Eigenschaften, ein Charakter zu sein: selten zu allen Zeiten. So wenig es auch gelingen wollte, physischen Muth in ihm zu entdecken; des moralischen entbehrte er nie, wenn er zu müssen glaubte. Wir meinen ferner, daß er in religiösen Dingen sich überhebend weit unter seiner Zeit stand und nur gleichgültig demjenigen zusah, was das römische Reich in Flammen setzte. Des Vortheils wegen der schwachen Hoffnung auf Rückkehr zum Protestantismus entsagen, kann ihm kein großes Opfer gewesen sein. Ferner galt in Deutschland noch die Ansicht des sechszehnten Jahrhunderts, daß der Landesfürst oder der Lehnsherr über die Religion seiner Unterthanen zu entscheiden habe, eine Ansicht, der Martin später entschieden huldigte und für jede Auflehnung gegen diesen Willen nur den Namen der Rebellion kannte. Wir glauben, daß dies schon damals seine Ansicht war und daß er dadurch innerlich einer Partei angehörte, die seit dem Einfall der Schweden nicht ohne alle Berechtigung die religiösen Ursachen des Krieges leugnete und ihm nur politische Motive wie die Pratiquen Frankreichs unterschob. Warum sollte er diese Ansicht nicht auch öffentlich bekennen, da doch selbst Protestanten auf die Seite des Kaisers traten und ihre Waffen gegen „den schwedischen Reichsfeind" trugen? Er war überdies in Treue und Ergebenheit gegen das Erzhaus erzogen und dazu, wie er oftmals versichert, durch das Beispiel seiner Vorfahren ermuntert worden. Er war zu bürgerlich erzogen, um neben der feudalen Treue die feudale Opposition zu fassen; er war zu entschiedenen Charakters, dies Verhältniß in einer Zeit für möglich zu halten, wo beide Begriffe gegen einander im Kriege lagen und die Einen riefen: „gebt dem Kaiser, was des Kaisers ist!" die Andern antworteten: „erst gebt Gott, was Gottes ist!" Martin war dadurch wie geschaffen zum Werkzeug des kaiserlichen Absolutismus: es bedurfte nur seines moralischen Muthes, sich in die Beamtenlaufbahn zu wagen. Unterm 2. November erfolgte seine Ernennung zum _{1530.} kaiserlich-königlichen Kammerfiscal in den Erbfürstenthümern Jauer und Schweidnitz. Daß er diese Stelle irgend einer Connexion verdankte, ist bei seinen juristischen Fähigkeiten und seiner Federgewandtheit, die ihm schon großen Ruf erworben haben mußten, bei dem Mangel an geeigneten katholischen Beamten und seinen oben dargelegten Grundsätzen, nicht anzunehmen. Denen, die ihn herausfanden, macht seine Wahl alle Ehre. — Er war übrigens auch ein practischer Mann und dachte an seinen Vortheil. Zwar war es bekannt, wie schlecht und unregelmäßig der Kaiser seine Diener besoldete; allein Knobelsdorffs Scharfblick — dies leuchtet aus vielen seiner Schriftstücke hervor — rechnete ganz Anders. Es ist auf Seiten der Protestanten, sagte er sich, falls sie unterliegen, Alles zu verlieren, wenn sie siegen, nichts zu gewinnen. Auf Seiten Ferdinands dagegen wird in dem einen unwahrscheinlichen Fall höchstens das Amt verloren, in dem anderen, bei seinem Wohlwollen für treue Diener, Alles zu gewinnen sein: gab doch die Bereicherung seiner Anhänger durch die confiscirten Güter der Widersacher das schlagendste Beispiel. Knobelsdorff wußte, daß es das Schlimmste ist, in Bürgerkriegen parteilos bleiben und folgte seiner größten Eigenschaft, der Treue, weil sie ihn dahin wies, wo der Vortheil winkte. — So trat denn Martin, der Katholik, seine Bestallung an, die ihn auf das Nächste mit dem kaiserlichen Interesse in Verbindung brachte.

_____

„Ich thue jederzeit eußersten Vermögen nach dahin sinnen vnd trachten", schreibt unser Kammerfiscal 1633 an den Kaiser, „damit dasjenige talentum so mir von „Gott anvertrauet ist, zu Ihr' Kayserl. vndt Königl. Majestät so wol des ganzen „Glorwürdigsten Erphauses von Oesterreich diensten ersprüßlich angeleget werden „möchte." Er sagt damit nicht zu viel. Im Schweidnitz- und Jauer'schen, welche Länder der Krone Böhmen anheim gefallen und dadurch unmittelbare Erbfürstenthümer geworden waren, hatte er das finanzielle Interesse des König-Herzogs zu vertreten und zwar in allen Domainesachen, bei Lehnstrafen und Anheimfällen, im Münz-, Zoll- und Steuerwesen wie in allen rein fiscalischen Straffachen. Letztere forderten bei der durch den Krieg entsetzlich vorgeschrittenen Sittenlosigkeit die ungleich größte Thätigkeit, waren aber die ergiebigste Geldquelle. Die Fiscale zogen bei Mord, Unzucht, Wucher, Falschmünzerei und bei'm Rückfall in die Keyerei das Eigenthum der Verbrecher ein, beaufsichtigten das Vermögen der zahlreichen als Rebellen Gekennzeichneten, um es zu confisciren, sobald es die politischen Conjuncturen erlaubten, und wurden durch letztere Functionen, da sie im königlichen Interesse den Tagen der einzelnen Fürstenthumstände beiwohnten, gewissermaßen deren Hüter und Inquisitoren.[1]) Den unermüdlichen Fleiß, der ihm eigen war, die ganze Zähigkeit und Consequenz seines Charakters, all' seine juristische Gewandtheit legte Knobelsdorff in seinen neuen Beruf, den er als Leiter zum Glück erkannt hatte. Er achtete nicht das oft Gehässige seiner Pflichten, nicht sein geringes Einkommen von 300 Gulden,

_____

[1]) Buttke. a. a. O. T. II. p. 109. 110.

1630–32. nicht das fortschreitende Kriegsglück Gustav Adolphs, der, mit Sachsen und Brandenburg verbündet, Tilly 1631 bei Leipzig besiegt hatte: einmal Partei ergriffen, hielt
er standhaft aus. Freilich fehlen die nöthigen Papiere aus seinen ersten Amtsjahren,
um über diese ausführlich zu sein. Allein wir wissen, daß er in Jauer, wo ihn die
Geschäfte häufig festhielten, ein Haus erwarb, wenngleich er als Wohnsitz seiner Vaterstadt und dem ererbten Hause treu blieb. Wir wissen, daß er auf den Fürsten-
und Ständetagen in Breslau neben dem Landeshauptmann oft Gelegenheit hatte,
im katholischen Interesse für den König die Stimme abzugeben;[1] wissen, daß die
geleisteten Dienste, den Erwartungen im höchsten Grade entsprochen haben müssen;
da man — wir müssen vorausgreifen — schon am 1. September 1632 sein Fiscalat
auf die Grafschaft Glatz mit noch 200 fl. Gehalt ausdehnte. Sie mögen finanzieller
Natur, ja die Summen, die er unaufhörlich in die leeren Kriegskassen des Kaisers
lieferte, müssen sehr bedeutend gewesen sein; wenn sie dem völligen Vergessen seiner
früheren Ketzerei wie den öffentlichen Belohnungen entsprechen sollen, die ihm, außer
jener Anerkennung, schon im October 1632 zu Theil wurden.

Daß man ihm seit dem Herbst 1631 sein Gehalt schuldig blieb, ohne an die
Noth zu denken, die da lehren kann, sich durch unredlichen Nebenverdienst zu entschädigen, war eine erste Prüfung; aber die Ereignisse stellten seine Standhaftigkeit bald
auf viel härtere Proben. Gustav Adolph und der Churfürst von Sachsen trennten
ihre Heere nach dem Siege bei Leipzig und zogen an den Rhein und nach Böhmen,
wo Haß und Rache noch unter der Asche fortglimmten. Hier fiel das ganze Land
den Sachsen in die Hände, die Verbannten nahmen ihre Güter wieder, frei ward
das Evangelium gepredigt und selbst Mißhandlungen der Katholiken traten ein: Ferdinand stand an einem Abgrund. Er mußte Wallenstein, den er wegen seines
Uebermuthes ungnädig entlassen hatte, unter harten Bedingungen wieder annehmen[2]
und sich glücklich schätzen, daß dieser mit dem selbst geworbenen Heere Böhmen von
den Feinden reinigte. Dies war ein Moment des Aufathmens für unsern Fiscal.
— Da fielen im Juli 1632 die Sachsen und Brandenburger unter General von
Arnheim[3] und auch ein schwedisches Corps unter Düval und Graf Thurn in Schlesien ein, von wo, wie man wußte, das kaiserliche Heer fast allein unterhalten
worden war. Sie erstürmen Glogau, schlagen die Kaiserlichen bei Steinau und
drängen diese bis nach Oberschlesien. Wieder stehen die vertriebenen Prädicanten
auf den Kanzeln, zahllose Edelleute, auch aus dem Schweidnitz- und Jauer'schen
eilen zu den Regimentern der Befreier und wild gährt der Aufruhr im Volk. O!
ihr armen Anhänger des Kaisers! — Bei Annäherung der Gefahr hatte Knobelßdorff die beweglichste Habe wie die Fiscalats-Acten bei seinem Schwager Kadloff hinter
die Wälle der neutral erklärten Stadt Breslau geborgen; andere Dinge waren an
verschiedenen Orten versteckt. Er muß sich unter den Reichenbachern höchst unsicher

---

[1] Loci communes schlesischer Gravaminum, auch Schreiben v. K's. d. d. 23. Jul. 1635.

[2] Der früher bemerkte Umschwung der Meinung, welche die Schweden nun als Reichsfeinde ansah,
trat jetzt ganz besonders hervor. Viele Protestanten traten unter die Fahnen des Kaisers. Hans
Ulrich v. Schaffgotsch ward ihm 2 Regimenter auf eigene Kosten und wir begegnen auch zwei
v. Knobelsdorffs im Heere: Friedrich Albrecht a. d. H. Mese, Obrist über ein Regiment zu
Pferde 1636 und 44, sowie sein Bruder Christian Ernst, schon 1622 Kaiserl. Lieutenant und
später Rittmeister; beide auf Stralbach in Franken. [3] Arnim.

gefühlt haben; denn auch bei ihnen regte sich mächtig der alte protestantische Geist, ¹⁶³³· der schon 1630 zu einer Art von Aufstand geführt hatte. Sie sahen die Anhänger Ferdinands als ihre Peiniger an und diese fanden eher vor den Feinden Gnade, als vor der erregten Wuth des Pöbels, wenn sie ausbrach. Viele Katholiken verließen die Stadt, doch Knobelßdorff, dem der Zustand seines Weibes Familienfreuden versprach, hielt tapfer aus. Am 9. September, als er eben in Wien auch zum Fiscal von Glatz ernannt war, rückten die Sachsen in Reichenbach ein: der Sturm brach los. Erst wurde von den Einwohnern tumultuarisch der katholische Gottesdienst abgeschafft; dann wandte sich ihr jäher Zorn gegen den Königsrichter¹) Neiprich: er wurde gefesselt, mißhandelt und in den Stock geworfen; gegen den katholischen Pfarrer Richter: man schleppte ihn unter Mißhandlungen barfuß durch die Straßen, daß er bald darauf starb; gegen Knobelßdorff wie die eifrig katholisch gewordenen Rathsherrn Künner und Topschel und man würde nicht besser mit ihnen verfahren sein, hätten sie die Sachsen nicht gefangen nach Ohlau geführt. Volk und Soldaten plünderten nun des Fiscals Haus: Alles wurde zerschlagen, zertrümmert, verbrannt und sein armes Weib auf das Fürchterlichste geängstigt.²)

Er saß in Ohlau, an Entkommen war nicht zu denken. Fürchtend, daß man ihn foltern werde, um eine Liste der fiscalischen Forderungen zu erpressen, brachte er willig ein bedeutendes Lösegeld auf, das seinen Wohlstand fast gänzlich vernichtete, und — da Frau und Kind nach Breslau in Sicherheit gebracht waren — floh er nach Wien. Mit dem Schaden des Fiscus, falls jene Liste nachträglich noch von ihm erzwungen worden wäre, rechtfertigt er später diesen Schritt; er schreibt: „wo„fern Ich Mir nicht mitt der Flucht providiret, würde ich einen geringen Nebentisch „gehabt haben" Doch die eigentliche Ursache lag in seiner Klugheit: er wußte, wie gut er in Wien angeschrieben war, daß daher die Erzählung seiner Leiden und seines Ruins Ferdinand rühren und treiben würde, ihn bei nächster Gelegenheit zu entschädigen. — Es gelang ihm dort, sich in der Umgebung des Kaisers und Königs Freunde zu erwerben, deren einflußreichster der königliche Hofcanzler Wilhelm Fenck war; er verstand es, die ausgestandene Noth wie den Verlust seiner Habe in so lebhaften Farben zu schildern: daß es an höchster Stelle nicht verborgen bleiben konnte, seinen Leiden und geleisteten Diensten dauernd ein günstiger Gesichtspunkt gewonnen schien und er selbst als ein Märtyrer dastand, der er in gewissem Sinne ja auch war. Ferdinand II. fühlte in der That das Bedürfniß, ihn zu entschädigen und seine Treue zu belohnen; wenn auch das Wie? an dem geldarmen, vom Kriegsglück wenig begünstigten Hofe fraglich blieb. Am 10. October begnadigte er ihn durch eine Audienz und ließ sich die Geschichte seines Unglücks von ihm vortragen. Das ersichtliche Wohlwollen seiner Majestät ermuthigte Knobelßdorff auf seine Schadloshaltung mit der Bitte hinzuweisen: ihn einst aus den Güterconfiscationen in Schlesien wieder zu bereichern, wenn man mit den treulosen Vasallen zu rechten im Stande sei. Natürlich wurde er damit auf spätere Zeit und auf schriftlichen Bescheid vertröstet; .

---

¹) Sie hatten die Magistrate zu überwachen, daß diese das Lutherthum vertilgten.

²) Weinhold a. a. O. p. 55. 56; Lucae p. 942 u. Schreib. v. K's. d. d. 29. Dec. 1632 in einem umfangreichen Actenstück von seiner Hand in der Gräfl. Schaffgottsch'schen Biblth. zu Warmbrunn, welches bis z. April 1636 unsere Hauptquelle ist.

1632. aber Ferdinand fand ein anderes Mittel, seine Gnade noch in derselben Audienz ihm in einer Weise zu bethätigen, welche Knobelsdorffs frühere Dienste allerdings in besonderes Licht stellt. Er bestätigte nicht nur sein adeliges Herkommen, vermehrte und verbesserte nicht nur sein bisheriges Wappen; sondern verlieh ihm auch die lebenslängliche Würde eines Kaiserlichen Pfalzgrafen, comes palatinus, deren ziemlich einträglichen Privilegien er noch andere Vorrechte hinzufügte. Dies Alles wurde unterm 22. October 1632 in einem prächtigen Majestäts- und Wappenbriefe niedergelegt, welcher uns erhalten ist und wohl verdient, daß wir näher auf ihn eingehen.[1]

Nach einer schmeichelhaften Einleitung über Martin Knobelsdorffs und seiner Voreltern gutes Herkommen, adelige Sitten und Tugend, ihrer steten getreuen und unverdrossen geleisteten Dienste in Kriegs- und Friedenszeiten, wird seiner standhaften Treue gedacht, die er bei dem sächsischen Einfall in Schlesien bewiesen; indem er all' sein Hab und Gut verlassen, dasselbe gänzlich verloren habe und gleichwohl ferner zu kaiserlichen Diensten erbötig sei. Dann wird ihm sein zuvor gehabt adelig Wappen bestätigt und verbessert, wie es die beigefügte Abbildung darstellt. Der rothe Schild mit dem senkrecht roth und blau getheilten Balken erhält unten einen grünen Berg. Von dort ragt über den Balken hinaus eine mit grünem Laub umwundene, silberne Säule, die eine Königskrone trägt, also sein Verdienst symbolisch andeutet. Rechts und links derselben, doch oberhalb des Balkens, prangt auf dem rothen Grund wie unten auf dem Grün des Berges je ein goldener Stern. Der Helm mit roth und blauen Decken und einer Krone zeigt den Knobelsdorff'schen rothen Adlerflug; doch ist er geöffnet, so daß der Berg mit Säule, Krone und Stern zwischen den Flügeln Raum gewinnt. Jeder Flügel ist von dem roth und blauen Balken quer durchschnitten und wiederholt darüber den goldenen Stern.[2] Eine prächtig gemalte Abbildung des Wappens, umgeben von den Gestalten des Kaisers und des Königs, wie von den Wappen der Churfürsten ist der Beschreibung beigefügt. Sodann beseitigt das Diplom jeden Zweifel an Knobelsdorffs Adel in der mitgetheilten Weise[3] und geht ferner zu seiner Erhebung zum lebenslänglichen Kaiserlichen Pfalz- und Hofgrafen und den zugehörigen Privilegien über. Pfalzgrafen waren unter den sächsischen Kaisern deren Vertreter im Staatsrath und im Gericht gewesen; sie erhoben die Gefälle und verwalteten den Fiscus. Später wurden daraus erbliche Würden und Fürsten. Mit Einführung der Reichsgerichte schwand der Haupttheil ihres Amtes und die neu geschaffenen Pfalzgrafen hatten nur noch einige Reservatrechte des Kaisers auszuüben. Es gab große und kleine Comitive, deren erstere meist an Große des Reichs, letztere wie in diesem Fall geschah, auch an Gelehrte besonders Juristen verliehen wurden. Knobelsdorff war dadurch berechtigt, im ganzen römischen Reich Richter, Notare und öffentliche Schreiber, Doctoren wie

---

[1] Im Besitz des Königl. Preß. Wirkl. Geh. Raths und Ober-Ceremonienmeisters Grafen v. Stillfried-Rattonitz und Alcantara in Berlin. Das Diplom ist in großem Quartformat auf Pergament geschrieben, in rothen Seidendamast gebunden und hängt daran das große kaiserliche Siegel. vid. Urkb: Beläge z. d. Biogr.

[2] Im Document ist der Balken im Flügel blau angegeben, doch blau und roth gemalt. Die Zahl der Federn ist in jedem Flügel auf 8 bestimmt, deren obere 2 und untere 3 roth, die andern blau sein sollten.

[3] s. p. 336.

Licentiaten der Jurisprudenz, Medizin und Philosophie, Magister und Baccalaureen der freien Künste zu ernennen, ja Poeten zu krönen. Diese genossen dadurch das Recht, auf allen Universitäten zu reden, zu lesen und zu disputiren und ganz dieselben Gnaden und Freiheiten, als die von den ersten Welt-Universitäten creirten Doctores. Er durfte unehelich Geborene, Fürsten, Grafen und Freiherrn ausgenommen[1]), legitimiren, ein Recht von Wichtigkeit in einer Zeit, wo uneheliche Geburt zur Genossenschaft der Zünfte, zur Uebernahme von Aemtern, Lehnen und Erbschaften unfähig machte. Er durfte endlich bürgerliche Wappen verleihen und sich für seine Person des rothen Wachses und Siegellacks bedienen.[2]) Ueberdies verleiht ihm der Majestätsbrief aus besonderer Gnade für sich und seine Nachkommen das Privilegium, überall im Reich sich niederlassen, bürgerliche Rechte erwerben zu dürfen und bei kaiserlicher Anwesenheit von Einquartirung frei zu sein; gewährt ihm für sich und die männliche Descendenz volle **Steuerfreiheit** und Freizügigkeit und nimmt ihn dann nebst seinen Angehörigen in kaiserliche **salva guardia**, weshalb er den kaiserlichen oder königlichen Adler bei Kriegs- und Empörungszeiten an sein Haus und Hof heften darf. In allen diesen Privilegien den von Knobelßdorff zu verkürzen, wird schließlich bei Kaisers und Reiches Ungnade und einer Strafe von 60 Mark löthigen Goldes verboten.

Der neue Pfalzgraf verblieb in Wien, denn freilich die Verhältnisse Schlesiens hatten nichts Anziehendes. Er durfte ja auch seine Bitte wegen Schadloshaltung aus den Confiscationen nicht vergessen lassen: er mußte den Entscheid betreiben und erwarten. Mit jenem Gesuch — wir glauben nicht ungerecht zu sein — gab er den Hauptschlüssel all' seines Thuns heraus. Wenn, nachdem er unterm 26. October beschieden worden, daß Ferdinand dieser Art seiner dereinstigen Entschädigung nicht abgeneigt sei und daß er seiner Zeit die vorzunehmenden Confiscationen bezeichnen möge; wenn wir dann in seinem Briefwechsel mit den Wiener Gönnern immer diesen rothen Faden wiederfinden; so bedarf es kaum der vielfachen anderweitigen Bestätigungen, um in seiner Sucht nach Besitz den Widerspruch zwischen den Einflüssen der Brieger Schule und der Richtung seines Lebens gelöst zu finden. Bald erscheint nun sein ganzes Treiben mit Gehässigkeit durchwebt, giftig wirkt das kaiserliche Decret, heftig braust Parteileidenschaft in seiner Seele und nur selten tritt eine gewisse Gutmüthigkeit zu Tage, die ihm übrigens eigen war. „Diese Menschen", sagt Menzel in seiner Geschichte Schlesiens von den angestellten Proselyten, „diese Menschen, die „um zeitlicher Vortheile willen ihren Glauben verlassen hatten, bliesen das Feuer „der Erbitterung am Heftigsten an und häuften Tyranneien gegen ihre ehemaligen „Glaubensbrüder, um sich bei den oberen Behörden einzuschmeicheln." Knobelßdorff hatte auch achtungswerthe Eigenschaften; es paßt daher sein Bild in jenen Rahmen menschlicher Erbärmlichkeit nicht ganz. Aber wenig fehlt und es paßt. —

Obgleich Wallenstein am 16. November bei Lützen die Schlacht, Schweden seinen König verlor; machten in Schlesien die uneinigen Verbündeten doch keine Fortschritte. Das Schweidnitz- und Jauer'sche war noch von ihnen besetzt, aber die Grafschaft

---

[1]) Vorrecht des großen Comitivs.
[2]) ein Vorrecht der Fürsten.

1432. Glatz war befreit; weßhalb endlich Knobelßdorff, um wenigstens dies Bergland in fiscalische Verwaltung zu nehmen, auf seinen neuen Posten eilte und Anfang December dort eintraf.[1]) Durch die Feinde von seiner Familie getrennt, nahm er für's Erste seinen Wohnsitz in Glatz und ging mit gewohntem Eifer an die Pflichten seines Amtes. Daß er in Conficationsfällen nicht gleich auf das Schroffeste einschritt, erscheint natürlich, da die Zeit der Ernbte noch nicht gekommen war und die Verhältnisse Mäßigung geboten. Sein Bericht über einen von Tschirnhaus auf Mittelwaldau, der beim Feinde diente, lautet sehr schonend; da derselbe den Eid der Treue nie geleistet hatte. Freilich räth er, das Gut einzuziehen, doch möge ihn der König citiren und die Schulden bezahlen. Auffallender ist seine Duldsamkeit bei dem Fall des Bernhard von Stillfried und Rattinitz auf Neurobe, dem ein Viertheil seines Gutes für eine Summe belassen worden war: „er sei alt und jetzt eifrig katholisch, erziehe seine Kinder in Ergebenheit gegen das Erzhaus, habe viel gelitten und seine große Schuld durch gute Dienste zu verwischen gesucht." Damit er die Summe zahlen könne, werden ihm auf Knobelßdorffs Rath Kirchlehen, Wildbahn und die Gerichte zurückgegeben.[2]) Stillfried war Protestant gewesen; vielleicht hat unsern Martin das Aehnliche ihrer Verhältnisse milde gestimmt. — Auf seinen Bergen dort oben war der Blick nach Schlesien ein gar verzweifelter; denn ohne Unterlaß wurde es verwüstet von Freunden und Feinden, die sich nur dadurch unterschieden, daß diese alle Kirchen zu evangelischen, jene zu katholischen machten. Ziemlich deutlich sah er schon, wieviele vom Schweidnitz-Sauer'schen Adel beim Feinde Bestallung genommen, „welches dann zur Zeit", schreibt er an Fenck, voll Hoffnung auf bessere Tage, voll Dank für die in Wien erzeigte „Gnade und Förderung", „Ihrer Majestät schöne Kammergüter eintragen wird."[3]) So wenig aber die Verhältnisse für solchen Umschwung reif schienen, so wenig erfreulich zeigten sich auch die eigenen Angelegenheiten. „Wie man mit meinem Vermögen", klagt er Fenck,[4]) „an leinwath, deren nahe bei 200 schock hin vnd wider verstecket, aber verrathen „worden, Bibliothec, zienen gefeß vnd allem Haußrath vmbgangen, wie alles zer„schlagen, verbrant vnd zerdrümert ꝛc., ist nicht zubeschreiben. Wofern das Wenige „zu Breßlaw vollends verlohren werden solte, bin Ich ein arm vnd verderbter Mann ꝛc. „Ob aber gleich alles darüber hingehen solte, wil Ich doch in trewster devotion biß „ans endt verbleiben." —

1633. Mit dem Jahre 1633 erschien ein neuer fürchterlicher Gast in Schlesien: die Pest. Sie wüthete am Aergsten in Breslau, wo Knobelßdorffs schwangeres Weib und seine Kinder weilten; über 13000 starben dort in diesem Jahre blos an Protestanten und man mußte die Särge von auswärts herbeischaffen und öffentlich feilbieten lassen. Er konnte nicht zu ihnen: Angst und Sorgen arbeiteten in seinem Herzen; aber die schnellen Ereignisse schüttelten Selbstsucht, Parteiwuth und Rache hinein: er mußte

---

[1]) Wie hoch v. K.'s Einfluß damals schon geschätzt wurde, zeigt der Umstand, daß, als er sich in Glatz dem Landeshauptmann, kaiserl. Hofrath und Kämmerer Carl Frhr. Fuchs v. Fuchsberg vorstellte, dieser ihn mit Vorwürfen überhäufte, ihn am Hofe fälschlich angegeben und verunglimpft zu haben, ein Irrthum, dem die Versicherungen Fencks bald ein Ende machten.

[2]) d. d. 20. Febr. 1633.

[3]) d. d. 4. Dec. [4]) d. d. 29. Dec. vid. Urkb. Bel. ꝛc. ꝛc.

nicht zu sagen, ob er weine, ob er frohlocke? Die Seuche lichtete auch die Reihen 1632. der Feinde: er hoffte; sächsische Verstärkungen zogen ins Land, und seine Hoffnungen drängten sich in weitere Fernen. Plötzlich von Böhmen her, von seiner Niederlage erholt, naht Wallenstein den Gränzen, um zu strafen und zu rächen. Sein erstes ist, als hätte er Befehl, zunächst den kaisertreuen Knobellsdorff zu rächen: er entsendet die Obersten Göß und Ilow, Reichenbach zu züchtigen.[1] Es war am 2. Februar; verzweifelt wehrte sich die sächsische Besatzung nebst den Bürgern und tödteten 700 Kaiserliche, ehe es diesen gelang, durch eine Breche einzudringen. Die Sachsen werden umringt und in Stücke gehauen, 19 todte, 150 verwundete Bürger liegen auf den Straßen und einen ganzen Tag wird geplündert. Dann müssen die Reichenbacher ihre Thore niederbrennen, sollen ihre Mauern abtragen und 12000 Thaler Strafgeld zahlen, Schlesien zum Exempel, wie Ferdinand den Treubruch straft und seine Getreuen zu rächen weiß. Die Mauer war nur zum Theil niedergeworfen und erst 7000 Thaler in dem erschöpften Städtchen aufgetrieben worden, als von Schweidnitz Entsatz ankam und die Kaiserlichen verschwanden. Sie hatten jedoch für das Fehlende 12 Geißeln mitgenommen und lieferten diese in Glatz unserm Fiscal in die Hände, der gerade erfuhr, wie in Jauer ein Weib, das er in sein dortiges Haus gesetzt hatte, dem Feinde alle verborgenen Mobilien verrathen habe, wie sein Haus in Reichenbach nun „ganz einer Wüstenei gleich gemacht und zerschlagen" sei. Daß er da seine Mitbürger, die Rebellen und Apostaten, nicht allzu schonend behandelt haben wird; wer möchte dies bezweifeln? Rache, wenn sich sein Herz danach sehnte, war ihm geworden; nun die Entschädigung!

Die Nachricht schlich sich durch die Feinde zu ihm, daß seine Frau unter den Wirren der Pest im Februar einen Sohn geboren habe. Der glückliche Vater schreibt es dem Freunde Fend, der die dargebotene Pathenstelle wohlwollend annimmt, er zeigt selbst Ferdinand III. freudetrunken dies Ereigniß an und bittet, auch seinem Sohn ein gnädigster König zu sein.[2] Gleichzeitig rücken die Wallensteiner vor. Er meldet „in der Grafschaft plündere und brenne das eigene Volk,[3] seit fast anderthalb Jahren habe er keinen Gulden Gehalt empfangen und ginge bei den Kriegstroubeln, die Alles verschlängen, überhaupt wenig baares Geld ein." Dennoch hofft er von des Friedländers Armada die Vertreibung der soviel schwächeren Gegner, hofft sehnlichst auf Ruhe und Frieden, „damit man zu dem Seinigen kommen möge."[4] „Das continuirliche Exilium", schreibt er am 6. April dem König, „wird mit dem Frühjahr hoffentlich aufhören und uns armen Verjagten zu dem Unsrigen verholfen werden." Er sollte noch viel zu leiden haben! — Inzwischen war er ohne Unterlaß amtlich thätig geblieben. Seit zwei und einem halben Jahr Fiscal, fehlte ihm zwar noch immer eine Amtsinstruction, um die er wiederholentlich bat. Doch da das Schweidnitz- und Jauer'sche, vom Feinde besetzt, seinem Arm entzogen blieb, kümmert er sich bei Zeiten, „was für Personen vom Adel und sonst in Feindes Bestallung getreten, damit man zur Einziehung ihrer Güter und ihres Vermögens schreiten könne;" er sorgt wenigstens in der Grafschaft für strengere Handhabung der Zoll- und Mauthgesetze und regelt

---

[1] Die Reichenbacher hatten am 14. Novbr. 1632 noch den Königsrichter Helprich ermordet.
[2] beide d. d. 23. Febr. vid. Urkb. Bel. e. c. [3] ist Kriegsvolk gemeint. eod. dat.
[4] an Fend d. d. 6. April.

1632. durchgreifend das Wesen an der Glaßer Münze. Auf die Fortschritte des Friedländers war sein Auge unabläſſig gerichtet. Wie ward er ungeduldig, als dieſer dem Feinde im Münſterberg'ſchen thatenlos gegenüber ſtand; wie ſtaunte er, als der ſtärkere Herzog dem ſchwächeren Arnheim eine Waffenruhe anbot, die, auf acht Tage ange-nommen, ſtillſchweigend verlängert wurde. Es iſt dies die Zeit, wo Wallenſtein durch ſeine Zweideutigkeit den Grund zu ſeinem Verderben legte. Erſt am 4. Juli, nachdem Arnheim zurückgewichen war, ſchritt er zur Belagerung von Schweidniß, und, dabei überfallen, zog er ſich in ſein altes Lager hinter die Peile zurück; während ihm die Verbündeten auf der anderen Seite von Schweidniß gegenüberſtanden. Ein Theil dieſes Fürſtenthums und der Weg von Glaß nach Breslau waren nun freilich vom Feinde befreit, aber die Wallenſteiner hauſten noch ärger und übten die zügelloſeſte Grauſamkeit. Dadurch trieben ſie die ſchleſiſchen Stände zur Verzweiflung: ſich ihre Unterthänigkeit gegen den Kaiſer vorbehaltend, vereinigten ſie ihre Waffen mit denen der Evangeliſchen, und Wallenſtein, bis tief in den September hinein, unterhandelte von Neuem mit Arnheim. Auf dieſe Art waren Knobellsdorffs Wünſche nicht zu ver-wirklichen, und doch glaubte er feſt, daß dies nahe bevorſtand. „Ew. ꝛc. haben mehr als genugſame Wiſſenſchafft", ſchreibt er an die Landeshauptleute,[1] „wie ich das Königl. „Fiscalatsintereſſe gefördert. Alſo bin Ich nochmals vrbötig, Meiner ſchuldigkeit nach „hinfüro bej dem Confiscationswerth Derogeſtalt zu progrediren, daß verhoffentlich „Ihre K. M. ein genedigiſtes benügen haben werden." Dabei war er von allem Gelde entblößt: im Mai ſchuldete man ihm noch 600 Gulden; er ſteht um deren Bezahlung und wird an die Landeshauptleute gewieſen, die nichts als leere Kaſſen haben. Er müſſe aus ſeinem Beutel, ſchreibt er an ſie, „mit ſorgen vnd borgen" zweierlei Haushalt führen, während ihn der Feind ſpolire, ranzionire, ruinire und er bis dato im Exilio ſei. Ende Juni[2] bittet er den König nochmals um ſeinen rückſtändigen Sold und klagt dem Canzler Jenck ſeine große Noth: „denn zu dem Wenigen, was vor dem Feinde nach Breslau ſalviret und verblieben iſt, kann ich wegen großer Unſicherheit durch Freundes vnd Feindes Voll nicht gelangen." Als nun gar im Juli und Auguſt die Peſt auch nach Glaß hinaufſtieg, von Tag zu Tage hef-tiger auftrat und auch Perſonen ſeiner Bekanntſchaft durch jähen Tod hinwegraffte; konnte er das Unleidliche ſeiner Lage nicht mehr ertragen. Am 17. Auguſt zeigt er dem Landeshauptmann an, daß er ſich „nacher Reichenbach in ſeine behauſung „oder Ja gar in Kaiſerliche läger" begeben werde und einen Notar Weigell zu ſei-ner Vertretung in laufenden Geſchäften beſtellt habe.

Er eilte nach Reichenbach, dann ins Lager von Weißenrode und erbat ſich auf Grund ſeines Majeſtätsbriefes einen Generalpaß nebſt Bedeckung; denn er hatte be-ſchloſſen, ſich wieder mit den Seinigen zu vereinigen. Reichenbach hatte er faſt aus-geſtorben gefunden; Plünderung, Raub, Brand und Peſt regierten im Lande: die Grafſchaft war ein Eldorado gegen das, was er geſehen hatte. „Es iſt ſchad vnd „aber ſchad vmb das liebe landt Schleſien, daß es alſo in grundt verderbet, vnd „noch faſt kein Ende zu ſehen iſt, In ſechs, Sieben vnd Mehr dörffern wird man „nicht einen Hundt, zuſchweigen ein lebendigen Menſchen finden. Vnd dafern nicht

---

[1] d. d. 10. Mai. vid. Urk. Bei. e. c.   [2] d. 27.

„durch Infectionsleufften die Menschen hingeraffet wehren, würde Sie dennoch die [1431]
„Hungersnoth hingeworffen haben;" so schreibt er bald darauf an Jenck[1]) und beschloß mit seiner Familie in die Berge zurückzukehren, in die gesunde Gegend von
Landeck, bis Krieg und Pest ihn weiterjagen würden. Es gelang, Frau und Kind
nebst einigen Habseligkeiten von Breslau glücklich bis Reichenbach zu bringen. Auf der
Weiterreise aber zwischen Fraukenstein und Reichenstein wurde er am 12. September
auf offener Landstraße, troß der begleitenden drei Mußquetiere, troß seines General-
passes und Majestätsbriefes, von sechs kaiserlichen Reitern „angesprenget, durchauß
„beraubet", und dann „nebst den Seinigen im Feld auf der Carozza ohne Rosse
„stehen gelassen", „von welchem Unfall denn", schreibt er weiter,[2]) mein liebes töch-
„terlein nahe bej vier Jahren dermaßen erschrecket, daß es zu landeck in acht tagen
„hernach an der innerlichen Prase sein Geistlein auffgeben mueßen." Ganz ausge-
raubt fand er nun auf dem Amtshause zu Grundt bei Landeck zwischen Bergen,
Klippen und Wäldern ein Asyl, bat die Oberregenten, ihm wenigstens aus Mit-
leib den rückständigen Sold zu zahlen und seufzt nach Frieden wie nach Aufhören
der Ansteckungen, weil die liebe Justiz fast gänzlich darnieder liege.[3]) Es ist unbe-
greiflich, wie es ihm möglich war, zu bestehen.

Unterdessen hatte der Friedländer, gedrängt von dem Mißmuth des Hofes über
seine Unthätigkeit, durch eine Scheinbewegung Arnheim verleitet, nach Sachsen zu
eilen und nur ein schwedisches Corps zurückzulassen. Er nahm nun und plünderte
am 5. October die feste Burg Gröditzberg bei Goldberg,[4]) und am 11. überfiel er
die Schweden bei Steinau so glücklich, daß ihre Reiterei vom General Schaffgotsch
geschlagen, ihr ganzes Fußvolk nebst dem Anstifter des böhmischen Aufstandes, Graf
Thurn, gefangen wurde. Dann nahm er Liegniß und Glogau und fiel in Brandenburg[5]) wie in die Lausiß ein; da, einige Festungen ausgenommen, Schlesien in der
Hand des Kaisers war. — Wie belebte sich unter diesen Umständen Knobelßdorffs
fast erdrückte Thätigkeit! Bei der Menge von Sterbefällen, da, wo kein Erbe,
also der Fiscus berechtigt war, hatten sich Unbefugte des Nachlasses bemächtigt. Er
veranlaßte durch die Landeshauptleute Patente, wonach alle Erbschaften bis nach
beendigter Pest und wieder thätiger Justiz ruhen sollten, erwirkte andere gegen Unzucht, wie unbefugte Heirathen, sorgte nach Möglichkeit für Einlieferung der Geld-
bußen, und müßt sich so unter dem Alles auflösenden Jammer für die gesetzliche Ordnung und den unmittelbaren Nutzen seines Königs. Da räth er billige Käufe an,
dort forscht er unrechtmäßig verkauften, heimgefallenen Lehnen nach und ging im

---

¹) d. d. 11. Octbr. vid. Urkb. Bel. e. e.
²) an die Oberregenten d. d. 2., an Jend d. d. 11. Oct. vid. Urkb. Bel. e. e.
³) an d. König d. d. 26. Sept. Oberregenten waren in Oberschles. u. d. Graffsch. Glaß die Ver-
walter der Kammergüter.
⁴) Maximilian v. Knobelsdorff a. d. H. Pilgramsdorf, der Reiche, auf Kunzendorf, Pilgramsdorf
Neudorf, Ulbersdorf, Mertenwalde und Wolfshayn, befand sich mit seiner Familie auf der Burg und
verlor einen großen Theil seiner Habe durch Plünderung und Brand.
⁵) Dabei hatte sich Wallenstein im Crossen'schen auf dem alten Knobelsdorff'schen Gut Mersdorf
einquartiert. Alles ging in Flammen auf, weshalb nach des Besitzers, Ernst v. K.'s, Tode das Gut
durch Concurs aus der Familie kam. Dessen Söhne Georg Abraham und Hans Ernst kämpften
1646 im Brandenb. Regiment Burgsdorff zu Pferde.

1633 Eifer so weit, den Landeshauptleuten ein Verzeichniß der „Rebellen" zu überreichen, gegen deren Besitz einzuschreiten sei.[1]) Gewiß war dieser Schritt nur eine Folge des schlimmen kaiserlichen Decrets vom 26. October 1632;[2]) gewiß war von dem Beamten nur zu erwarten, daß er die für Rebellen hielt, die ihr Allerheiligstes gegen die irdische Gewalt vertheidigten, und doch können wir diesen Act der Gehässigkeit gegen ehemalige Glaubensbrüder nicht verzeihen, können diese Angebereien am Wenigsten des Edelmannes würdig halten, wenn wie hier das eigene Interesse im Spiele ist. Wer sich der Mühe unterzieht, die zahllosen Papiere zu studiren, die von Martins Hand erhalten sind, wird erkennen müssen, daß er für das Niedrige dieses Verfahrens unempfindlich war. Er betrieb dies Geschäft mit derselben Freimüthigkeit, wie seine anderen Pflichten, für deren Erfüllung, bedrängt von Krieg, Pest, Plünderung, rückständigem Sold, durch ein Leben wie in Verbannung, er des höchsten Lobes werth erscheint. Er ist dem Kaiserhause über Alles treu und opfert dieser Treue den Adel der Gesinnung, ohne den der Adel der Geburt ein hohler Schall ist. Ob es ihm aber ein Opfer war, das zweifeln wir: hierin zeigt sich der Einfluß seiner herabgesunkenen Herkunft.

Im December ließ die Pest in der Grafschaft etwas nach: eifriger und erfolg-1634 reicher treibt er wieder die Geschäfte. Im Januar und Februar 1634 nimmt er auch die letzten ruhenden Angelegenheiten wieder auf, nimmt das Münzwesen von Neuem in die Hand, bringt die veröden königlichen Eisenhämmer zu Schreckendorf, Mohrau und Seitenberg zu neuer Thätigkeit und erspart so dem Lande den Aufschlag auf fremdes Eisen. Er regt eine Visitation der Kammergüter an und recherchirt alle Braugerechtigkeiten wegen des zu zahlenden Faßgeldes. Daher erscheint es wie geflissentlicher Undank, daß man ihm hartnäckig seine Besoldung schuldig blieb und ihn zwang, den Oberregenten aufgebracht zu schreiben:[3]) „vom Winde sei ihm nebst den Seinigen zu leben nicht möglich!" Darf es unter diesen Umständen Wunder nehmen, wenn er bereits den Modus der vorzunehmenden Confiscationen ordnet und voreilig auf dem Landtag zu Löwenberg vom 14. bis 18. Januar auf aller Rebellen Mobilien und Fahrniß Arrest legt? Sein Eifer für des Königs und das eigene Interesse duldete keinen Aufschub. Gegen Mitte Februar erhielt er Befehl, — es war ein Donnerschlag — die Confiscationen in den Fürstenthümern noch einige Monat ruhen zu lassen, ja nicht einmal davon zu reden. Er wollte wenigstens in der Grafschaft damit aufräumen, die in gewisser Beziehung zu Böhmen gehörte; aber es half nichts, er mußte sich fügen. Wäre ihm eine Unredlichkeit nachzuweisen, wir würden sie jetzt für begreiflich halten. Wohl suchte er sein Palatinat auszubeuten; aber wer fragte in jener Zeit des Elends nach Wappen und Titeln? 1633 noch zwei Wappenbriefe,[4]) zwei Notariatsernennungen und ein Empfehlungsbrief für einen im Reich umherziehenden Maler, 1634 nichts mehr; ohne Gehalt ließ sich damit trotz Sorgens und Borgens kein Haushalt bestreiten. Mißgelaunt fährt er die Reichenbacher an, die etwas unartig um Erlassung gewisser Keller-

---

[1]) d. 28. Nov. [2]) vid. p. 347.
[3]) d. d. 7. Januar.
[4]) für Anton Nieser, Fürstl. Cardinal Dietrichstein'scher Richter u. s. Siegm. Langer v. Langendorf.

penſionsrechte gebeten hatten:[1] „erſt müßten ſie beweiſen, daß ſie alleſammt treu 1434. geweſen, ehe ſie Solches erbitten könnten;" dann ſpottet er ihres Elends: „es müßte ja bei dem vielen Sterben Einer vom Anderen geerbt haben, es wäre deshalb in den Gewerben gewiß keine Concurrenz, alſo könnten ſie nicht arm ſein und möchten nur zahlen." — Seine Ausſichten hatten ſich aber im Allgemeinen ſo entſchieden gebeſſert, daß ihm die gute Laune bald wiederkehrte: ſeine Noth mußte bald zu Ende und der Lohn für ſeine Treue nahe ſein. In dieſer Stimmung ſchreibt er im Februar an den Oberregenten: „auf den 21. dieſes hett ich wol vermeinet ein 1000 taler oder „anderthalb zuerclagen, es ſind Mir aber baiderſeits Verhören wegen des ankom-„menden kriegesvolcks auffgeſchoben; muß Mich derohalben mitt der gedultt ſchmiren „laßen: Ich vermain es werden Jhro Majeſtät ein Par lehengüttel catue ſein „worden, wenn Ich mitt Jhnen vor die Schmietten komme, wollt Ich es Mir für „ein deſpect achten, wenn ich nicht aureo humo placiren vnndt berg vnndt thal „mitt Recht erangeln ſolte." Man ſieht, wie fröhlich er iſt, wie freudig er in ſeinem Amte wirkt, und als wenn er ein ſtrenges Einſchreiten beſchleunigen wollte, fügt er hinzu, daß in allen Fürſtenthumsſtädten lutheriſche Predicanten wären, welche prahlen, ſchreien, läſtern und ſchmähen, daß es nicht zu beſchreiben ſei: „wollte gern den aus-„gang erleben!"

Wallenſtein, mit dem Herzogthum Glogau beſchenkt, hatte nehmlich in unbe-gränztem Uebermuth die lutheriſche Religion zu begünſtigen angefangen. Man ver-zieh ihm ſchon nicht, daß er nach dem Steinauer Gefecht den Grafen Thurn freige-geben; dieſes Verfahren aber ſteigerte den Zorn der Jeſuiten in Wien derartig, daß es zum Bruch kommen mußte. Er hatte in Schleſien den General von Schaffgotſch zurückgelaſſen, der, ſelbſt ein Lutheraner, ſo ſehr er ſich bemühte, Schleſien der Hoheit ſeines Kaiſers völlig zu unterwerfen, doch keineswegs gegen das Lutherthum einſchritt. Hans Ulrich II., Schaffgotſch genannt, des Heiligen Römiſchen Reichs Semper-Frei von und auf Kienaſt, Freiherr zu Trachenberg, Erbherr der Herrſchaften Trachen-berg und Praußnitz, Kienaſt, Greiffenſtein, Kemnitz, Schmiedeberg, Giersdorf, Hertwigswalde und Rauſchke, war kaiſerlicher Kämmerer, General über die Cavallerie und Obriſter über zwei Regimenter zu Pferde, war der reichſte Landſtand, mit den Herzögen von Liegnitz und Brieg verſchwägert,[2] Wallenſteins komman-dirender General und durch dies Alles die einflußreichſte Perſönlichkeit in Schleſien: Grund genug, ihn mit dem Friedländer zu verderben. Der Herzog wurde in die Acht erklärt und in der Nacht zum 25. Februar in Eger ermordet; Schaffgotſch ward ſchon am 24. zu Ohlau verhaftet und nach Glatz gebracht. Seine Pferde, Silber-werk und Truhen übernahm unſer Fiscal am 10. März zur Beaufſichtigung und wirkte den Befehl aus, daß auch die ſchönen Mobilien des Gefangenen auf deſſen Burg Kienaſt, die der neue Kommandirende in Schleſien Graf Colloredo hatte beſetzen laſſen, unberührt bleiben mußten.

In ſeinem freudigen Eifer, die Erfolge der kaiſerlichen Waffen auszubeuten, fährt

---

[1] wahrſcheinlich iſt dies der Reſt jener 5000 Thaler Strafgelder, die ſie ſo nannten. Es handelte ſich um 4000 Thaler; 1000 waren vielleicht ſchon abſchläglich gezahlt.

[2] verh. mit Barbara Agnes, einzige Prinzeſſin von Liegnitz und Brieg, welche ihm einſt nach Abſterben des Mannsſtammes der Herzöge Erbanſprüche geben konnte.

1634. Knobelßdorff fort. Er sorgt für richtige Zahlung der Gefälle, reist nach Jauer auf den Landtag, wo er auf der Rebellen Habe ebenfalls Arrest legt, drückt den Reichenbachern die Hälfte ihrer Schuld ab und erwirkt Patente gegen die Juden, welche „ihrer angeschworenen betrigerej nach denen Christen das blutt den Egeln gleich „außaugen vnd mitt finanzerej hinwegspielen, Silber vnd gold aus dem lande wech„seln und verfälschte Polbranthen hereinführen.“[1]) Dann hat er Händel mit Slow, der mit Beschlag belegtes Getreide fortnehmen will, bringt einige von diesem confiscirte Mobilien von Rebellen in Sicherheit und treibt das Confiscationswerk einstweilen an unerledigten Erbschaften, an Summen, welche Rebellen auf früher eingezogenen Gütern stehen haben und indem er einige Untersuchungen gegen rebellische Unterthanen vorbereitet. So arbeitet er mit staunenswerthem Fleiß und scheint sich in diesen Geschäften so recht heimisch und wohl zu fühlen. Als König Ferdinand III. den Befehl über die große Armee übernahm; schreibt er den Oberregenten, um den Grad seiner Ergebenheit zu zeigen und an seine Belohnung zu erinnern: er wünsche von Herzen, des Königs Feldsecretair, oder doch Amtscanzler der Fürstenthümer Schweidnitz und Jauer zu werden.[2]) Keines von beiden geschah; denn da, wo er stand, war er unersetzlich: er schaffte Geld. Man trieb ihn vielmehr, sich in die Fürstenthümer zurückzubegeben, um da noch erfolgreicher zu wirken. Hier sah es nun freilich entsetzlich aus: die Weichbilder von Schweidnitz und Jauer waren fast ausgestorben, im Striegau'schen gab es nur 24 Bauern und in dem einst so volkreichen Schweidnitz noch 40 Bürger. Er verschob seinen Umzug unter Schilderung seiner zerstörten Häuser auf bessere Zeit: „alle thüren, alle fenster sindt da zerschlagen vnd hinweg, „es ist nicht ein Nagel, nicht ein teller oder schlüßel, nicht soviel zu finden, daß man „sein haupt sicher legen kennte, man ist nicht sicher, vor die Stadt ans thor zu „gehen, ja den burgern vnd Innwohnern ist selber nicht, wofern sich der feindt nur „mitt StraiffRotten sollt sehen laßen, zutrauen.“[3]) Letzteres war allerdings der eigentliche Grund, denn er liebte die Gefahr keineswegs. Um aber von seinem sichern Hafen in Glatz das Mögliche zu leisten, schrieb er an seine Vertrauten in den Städten, sich aufs Neue die Rebellen namhaft machen und ihre Habe beaufsichtigen zu lassen.

Im April wurde unser Fiscal in die Angelegenheiten des von Schaffgotsch hineingezogen. 1619 hatte sich dieser sehr bereitwillig gezeigt, Friedrich von der Pfalz zu huldigen, war aber, als der Krieg in den Augen Vieler seinen religiösen Charakter verlor, als Wallenstein sein zweites Heer warb, in des Kaisers Dienste getreten. Zwei selbstgeworbene und unterhaltene Regimenter hatte er ihm zugeführt und an deren Spitze zu dem Siege bei Steinau das Meiste beigetragen. Dessenungeachtet sollte er fallen: denn man wollte mit den mächtigen, politischen Generalen ein Ende machen. Mitte April bildete Ferdinand III. eine Commission, die den Besitz des Schaffgotsch registriren und sicher stellen sollte. Sie bestand aus unserm Fiscal, Georg von Gronenberg und dem Secretair Adam Christan, welche sich den 20., um die Zeit, wo man den edlen Gefangenen von Glatz nach Wien führte,[4]) auf die Rundreise begaben. „Den „10. May sind wir durch göttliche Verleihung wiederumb von der Schaffgot-

---

[1]) Schreiben d. d. 13. März. [2]) d. d. 21. März. vid. Urkb. Bel. z. d. Biogr.
[3]) an Zend d. d. 7. April. [4]) d. 21. April.

schischen Comißion nachher Glatz glücklich angelanget," notirt Knobelsdorff in seinen 1634.
tagebuchartigen Acten.[1]) Wohl war seine Reise nicht ohne Gefahr; denn während
derselben marschirte Colloredo von der vergeblichen Belagerung Oppelns gegen die
Lausitz und Sachsen. General Arnheim ging nun den Kaiserlichen entgegen, schlug sie
am 13. Mai bei Liegnitz aufs Haupt, nahm Glogau und alle Städte rechts der
Oder und erklärte in Breslau feierlichst, daß der Churfürst nach dem Accord von
1621 Schlesien in seinen Schutz nähme. Der Oberhauptmann entfernte sich und
Johann Christian von Brieg trat an die Spitze der evangelischen Fürsten und Stände,
die noch einmal auf das Grundgesetz ihrer Verfassung zurückgingen und bereit waren,
sich dem Heilbronner Bund der Evangelischen anzuschließen. Welch' unerwarteter,
furchtbarer Schlag für Knobelsdorffs Pläne! Die Versprengten und Parteien der
Besiegten drangen auch in die Grafschaft: „Rauben und Plündern," meldet er,[2] „sind
an der Tagesordnung, an Ordonnanzen und Befehle will sich Niemand kehren; überall
ist Verwirrung, es ist nicht zu beschreiben, wie es hergeht. Ohne Convoi ist Niemand, Beamter oder nicht, nur eine Viertel Meile weit sicher; auch die Pest regt
sich wieder, die Theuerung ist ohne Gränzen und der Feind nimmt einen Ort nach
dem andern": es war um den Kopf zu verlieren. Knobelsdorff stand fest. Neben
seinen Amtspflichten, denen er möglichst vorsteht, wirkt er eifrig in der Schaffgotschischen
Commißion. Er räth dem König,[3] die werthvollen Effecten auf dem Kienast, „bei
„sothaner Universal-Plünderung" vor Freund und Feind sicher zu stellen und nach
Prag zu schaffen: „wir trauen uns nicht, sie ohne große Gefahr wo anders hinzu-
bringen." Er räth, einen ansäßigen, katholischen Edelmann mit der Verwaltung der
Güter zu betrauen, deren Einkünfte sich auf 20,000 Thaler belaufen, und die luthe-
rischen Beamten wie das überflüssige Gesinde abzudanken. Er fragt, wie die ins
Gebirge nach Kemnitz geflüchteten Kinder des Freiherrn zu unterhalten seien und
erwirkt bei Colloredo Maßregeln für deren Sicherheit und die der Mobilien auf der
Burg. Noch ehe Ferdinand III. jene Vorschläge erhielt, hatte er der Commißion
schon Befehl geschickt, die Sachen nach Glatz zu holen.[4]) Welch' gewaltiger Schreck,
da sich ja Niemand unberaubt und ungeschüttelt von der Stadt entfernen konnte!
Knobelsdorff zögerte so lange als möglich und versuchte, da ihm nun abermals ein
königliches Rescript gleichen Inhalts insinuirt wurde,[5]) dem Gronenberg als gewe-
senem Soldaten oder dem Christan die Sache aufzubürden. Da diese indessen Vieles
dagegen einwendeten und ihm die Gefahr aufschoben, überwand er sein unmännliches
Zagen. „Deshalb", schreibt er, „habe ich die höchste Unsicherheit der Straßen, die
„große gefar des Feindes, der um und auf den Schaffgotschischen Gütern von Lauban
„ausgestreift vnd auß dessen Händen ich einmal entronnen, ja mein Weib vnd Kind
„hindangesetzt vnd mich im nahmen Gottes mitt höchster gefahr leibs vnd lebens,
„den 25. Juny auff den weg gemacht."[6]) Der Kommandant von Glatz gab ihm

---

[1]) über den Verlauf der Rundreise enthält das Actenstück nichts; er scheint darüber ein besonderes geführt zu haben.
[2]) Ende Mai u. b. 12. Juni. [3]) d. d. 5. Juni.
[4]) d. d. Burg Lengenfeld b. 29. Mai.
[5]) am 22. Juni; d. d. Donaustauff b. 7. Juni.
[6]) aus einem Brief an den König und einer tagebuchartigen Notiz zusammengestellt.

46

1654. einige Dragoner vom Puchhaim'schen Regiment mit und ein Bürger Namens Schmidt begleitete ihn. „Wie es hergangen, waß für anstoß vnd gefahr gewesen", notirt er in seinen Papieren, „zeiget folgendes an Ihre Königl. Majeſtät gehorſambſt abgeſchickte Relation", ein umfangreicher Bericht, dem wir Folgendes entnehmen.[1]

Knobelßdorff erreichte am zweiten Tage ungefährdet das Hauptquartier Colloredos im Schlößchen zu Schwarzwaldau bei Landshut,[2] wohin die Armee wieder vorgerückt war, also die Gefahr dahin verlegt hatte, wo er wirken ſollte. Nachdem er zwei Stunden bei Sr. Excellenz gewartet, weil ſie mit dem Fürſten Lobkowitz tafelten; bat er dienſtlichſt um Bedeckung zu ſeinem und der abzuholenden Effecten Schutz, ſowie um Wagen, dieſe fortzuſchaffen. Alles wurde ihm bewilligt; doch verlangte der General ein Waffenverzeichniß vom Kienaſt und hielt es für gut, die Kinder des Gefangenen nach Glatz in Sicherheit zu bringen. Dann fuhr Colloredo bis zum Abend ſpazieren und erſt als ihn Knobelßdorff darauf im Hofe um Beförderung bat, theilte er ihm wegen des Verzeichniſſes einen Quartiermeiſter Holbefreund zu, gedachte aber der Bedeckung mit keiner Sylbe. „Es hatte „den Anſchein, als wären Sr. Excellenz nicht gar zu willig", ſchreibt unſer Fiscal dem Könige. Wohl oder übel ging nun am 27. die Reiſe weiter: durch Landshut, das ausgebrannte Städtchen Schmiedeberg und am Abend noch nach dem Kienaſt hinauf, wo ein Lieutenant Prabel von Colloredos Regiment befehligte. Im Sinne ſeiner Commiſſion verſchaffte er ſich dort eine Ueberſicht des Zuſtandes der Herrſchaft und als Holbefreund mit dem Verzeichniß fertig war, bat er nochmals ſchriftlich um Wagen und Convoi. „Dieſe nun fiscaliſchen Güter", berichtet er dem König, „werden durch Einquartierung, Contributionen, Beraubung und Beſchädigung völlig zu Grunde gerichtet; auch Hirſchberg iſt ganz niedergebraunt und Tag für Tag geht in der Herrſchaft ein Feuer auf. In Hermsdorf[3] iſt Alles: Waffen, Kriegsbücher, Landtafeln und Sachen verſchwunden. Pferde giebt es nirgends außer einigen Füllen zu Kemnitz, denn Alles iſt von Streifrotten weggeholt. Nur das Greiffenberger Geſtüt iſt ins Gebirge getrieben und nebſt zwölf Ochſen gerettet worden. Prabel hat geſagt, daß wenn ihm die Herrſchaft nicht Lebensmittel und Gehalt liefere, er ſich an den Sachen bezahlt machen werde, die auf der Burg untergebracht ſind. „Solchen Dingen zu ſteuern, bin ich viel zu wenig!" — Am 28. Abends antwortete Colloredo: daß er die Waffen nebſt zwei Fäſſern Wein für ſich, ſowie ein Elenskoller und ein Niederkleid mit Blut befleckt, welches Schaffgotſch in der Action vor Bautzen getragen, für Caspar von Prittwitz, einen kaiſerlichen Offizier fordere, der auf dem Kienaſt gefangen gehalten, erſt von Colloredo freigelaſſen war;[4] aber er ſchickte weder Wagen noch Bedeckung. Am 1. Juli gelang es Knobelßdorff mit vieler Mühe, aus den Dörfern Wagen zu beſchaffen; er belud deren drei, Holbefreund zwei, ſoviel als die böſen Wege erlaubten: nur einige Geſchütze zur Vertheidigung der Burg ließ dieſer, die Truhen der Töchter des Freiherrn wie alles fremde Gut ließ jener

---

[1] vid. Urkb. Bel. e. c. Auszug des Berichts. [2] 1 Ml. davon im Gebirge.

[3] unterm Kienaſt.

[4] v. P. hatte ſich mit einer Verwandten des Sch., Brigitte, verw. Gräfin D. geb. v. d. Sch. in ungleiche Vermiſchung eingelaſſen. Sch. hatte ſie, um den Affront zu ſühnen, auf den Greiffenſtein, ihn auf den Kienaſt in einen tiefen Thurm ſperren laſſen, wo er zwei Jahre geſeſſen hatte.

versiegelt zurück. Mit der Dunkelheit ließ Knobelßdorff die Gegend nach feind- 1684.
lichen oder kaiserlichen Parteien durchstreifen, denn der Lieutenant war zur Vor-
sicht ermahnt worden. Folgenden Tages verfaßte er Instructionen für die Schaffgotschischen Beamten und für den Rentschreiber in Kemnitz, wie die Kinder zu halten
seien; denn deren Erzieher hatten es höflichst abgelehnt, unter seinem Schutz nach
Glatz zu ziehen: noch, meinten sie, wären sie sicher und fiele etwas vor, könne man
ja auf den Kienast gehen. Nachdem er endlich noch den Verlauf der Weinvorräthe
mit Rücksicht auf die Kinder angeordnet hatte; kamen von Colloredo gegen 80 Dragoner an und nun ging es an die Rückreise. „Den 3. Juli", schreibt er, „bin ich
„im Nahmen Gottes widerumb vom kinast mitt einer starcken anzahl von Dragonern
„vnd etzlichen Reitern, so von Ihr. Excell. dahin beordert wegen der armaturen allß
„der andern sachen geschickt worden, auffgebrochen vnd meinen Weg wiederumb nachher
„Schmiedberg zugenommen. Allß Wir nun ohngefehr ein Meil Weges vom kinast
„abkommen, vberfellet Vnnß fast vnvormerckt auff einem dorff (sonsten sindt alle
„Dörffer im ganzen lande wüst vnd oede) eine tropp Reiter wol von dritthalb
„Hundert Pferden, wil mitt gewaltt benthen: Sintemal Wir aber ein zimblich vortel
„innen, an der Mannschaft auff die Neunzig Personen starckh vnndt wol mundirt,
„hingegen die andern gar vbel armirt: allß haben Wir Sie allemal, ohngeachtet
„Sie dreimal den tropp wider Vnnß geschwungen,[1]) abgetrieben." Abends nach diesem
Abenteuer erreichte er Landshut und setzte am 4., nachdem sich Holdefreund von
ihm getrennt hatte, seinen Weg bis Braunau fort, wo die Bedeckung von ihm schied.
Besorgt für sich und seine Beute, erbat er von einem Oberst Adelshofer acht Dragoner zu den von Glatz aus mitgenommenen und langte endlich am 5. „Gott
„lob vndt danckh durch Göttlichen beistandt mitt denen vornembsten sachen
„widerumb nachher Glatz an", wo er diese im Rathhause sicher unterbrachte. Ihm
war gewiß eine schwere Last von der Seele, eine Last, deren er noch nach Jahren gedachte und sich seines Zuges nach dem Kienast wie eines wahren Heldenstücks rühmte.
— Der Freiherr war noch nicht verurtheilt; um so bezeichnender erscheint der Schluß
von Knobellßdorffs Bericht an den König: „will im vbrigen vnterthenigisten Fleißes
„bitten, Sie geruhen, Meiner bej der participation gnebigist mitt etwas zugedencken."
— Welch' ein Edelmann! —

Er wartete nun auf Entscheidung in der Schaffgotschischen Angelegenheit von
Woche zu Woche, von Monat zu Monat. Er empfahl allerlei Ersparnisse in der
Verwaltung der Besitzungen und schlug vor, die Herrschaft Kienast einzuziehen, die
Kinder dagegen auf Trachenberg zu verweisen; weil jene einträglich und die Gläubiger meistens Rebellen seien, deren Besitz doch confiscirt werden dürfte. Aber die
Entscheidung kam nicht, da ja der Proceß noch nicht geschlossen war. Am 4. September besiegte Ferdinand III. die Schweden bei Nördlingen, und entschied das Ueber-
gewicht der Katholiken. Voll Freude empfängt Knobellßdorff die Botschaft: nun
werden bald seine Erwartungen in Erfüllung gehen! „In meiner lista komm Ich
„auff eine zimliche anzahl derer, so bei'm feindt effective gedienet vndt noch dienen
„thun", schreibt er an Feuch,[2]) „es wird nun mehr verhoffentlich dies restitutionis

---

[1]) geschwenkt, 3 mal angegriffen. [2]) d. 25. Septbr.

46*

„bonorum, darinnen der getrewe sich frewen der vntrewe aber erzittern werde, baldt „erfolgen. Ich glaub gewiß, es werden vnter dreißigen sich nicht drej recht getrewe „bej der Inquisition finden." Aber auch diese Inquisition kam und kam nicht; denn Sachsen und Brandenburg, der Verheerungen müde, fühlend, daß der nachtheiligste Frieden noch eine Wohlthat sei, unterhandelten jetzt mit dem Kaiser, und so lange noch nichts abgeschlossen war, mußten die Protestanten geschont, der Accord respectirt werden. — Inzwischen lastete die mehr als verdoppelte Bürde der Geschäfte auf ihm. Einerseits sind es die Einziehung heimgefallener Lehne, die Rathswahlen in den Städten, das viele falsche Geld, dessen Ursprung er nachspürt und die Zollbefraudationen vieler Kaufleute, denen er große Furcht einzujagen weiß; andererseits geben ihm die Schaffgotschischen Hauptleute zu Schmiedeberg und Kemniz viel zu thun, die er für Rebellen hält[1]) und daher, obgleich sie wöchentlich um Entlassung und um ihre Sachen vom Kienast bitten, in der Hand behalten möchte. Dann sucht er die Herrschaften vor Verpflegung des Heeres, vor Brandschatzungen und Excessen jeder Art zu schützen, er bestellt neue Beamte für die abziehenden Diener und in all' diesen Dingen wendet sich Jedermann an ihn.

Die Sonne des Glücks schien endlich aufzugehen, als Anfang December dem Glatzer Amt befohlen wurde: in allen, doch nicht in den größeren, unzweifelhaften Fällen des Landfriedensbruches, der Conspiration und Rebellion zu entscheiden. Alle, die etwas gehabt und vermocht, behauptet ein Zeitgenosse, wurden ohne Unterschied für Rebellen angeklagt und condemniret; die aber, so nichts gehabt, hat man bleiben lassen.[2]) Für die Fürstenthümer Jauer und Schweidnitz jedoch, wohin sich der Fiscal noch immer nicht wagte; weil „keiner Stadt, außer Schweidnitz, doch auch nicht zum „Besten, zu trauen, vnd weil in Bunzlau feindes Volck stand, das viel herum partirte", für sie, als zu Schlesien gehörig, mußte er wegen des sächsischen Friedens die Ungeduld zügeln. „Weil nun mehr," schreibt er an Fenck,[3]) „der große Goliath vnndt „Erz Machinant von friedlandt dahin vnndt die Confiscations Mittel ihren richtigen „Weg erhalten; will Ich nicht zweifeln, es werde baldt die gnädigste Verordnung „deßwegen erfolgen vnd dermal einst das land gesaubert werden."

Gegen Ende des ereignißreichen Jahres 1634 baten Knobelßdorff mehrere Stifter in den Fürstenthümern, besonders Liebenthal, zur Milderung ihrer großen Kriegsdrangsale nach Wien zu reisen. Nichts konnte ihm erwünschter sein, als sich gerade jetzt in Erinnerung zu bringen; er nahm daher mit Freuden diesen Auftrag an, der übrigens zeigt, welchen Ruf der Gewandtheit und des Einflusses er genoß. Er hatte noch vorher im Januar 1635 zu Neustadt und Jägerndorf in Oberschlesien eine besondere Comission zu erledigen, deren Beschaffenheit uns fremd geblieben ist;[4]) wir wissen nur, daß er dabei nebst dem Oppeln'schen Comissarius Herrn von Grsebonowski in große Gefahr gerieth. „Beinahe vnversehens bej Ober-„Glogaw", berichtet er, „het mich das Unglück dem feindt in seine rauberische Hende

---

[1]) der Hauptmann Prätorius zu Schmiedeberg hatte von Schaffgotsch c. 36000 Thlr. zu fordern.
[2]) Schreib. des Schönaich'schen Hausverw. Krause in Breslau an d. Frhrrn. v. Sch. s. Klopsch. Gesch. d. v. Sch. 4. Heft p. 137.
[3]) d. 18. Decbr.
[4]) er nennt sie: die Glösische Comission.

„gedejen laſſen, dafern Ich nicht eo ipso die bej Nächtlicher Weile Mich nachher [1848.]
„Nimßdorff, dann auff die Commenda Gröbnig, folgends auf Jegerndorff vnd nach
„den Gebirgen auff Johansthal retiriret vndt auß dem ſtaube gemachet." Dies kleine
Abenteuer tritt ſo rechtzeitig ein, daß man es bezweifeln möchte; nennte er nicht
in dem Oppeln'ſchen Herrn ſeinen Gewährsmann. Indem er von Glaß aus den
Oberregenten ſeine Reiſe nach Wien anzeigt,[1] verſchwieg er es keineswegs, wohl
wiſſend, daß er damit in dieſer für ihn ſo wichtigen Epoche an ſeine früheren Schick-
ſale vnd Dienſte erinnerte. Am 1. Februar reiſte er endlich ab vnd meldete ſich
am 14. bei dem Hofcanzler Fenck, der ihn freundſchaftlichſt willkommen hieß vnd ihm
rieth, beim Könige eine Audienz zu erbitten; weil über Verſchiedenes mit ihm zu
berathen, über Anderes Reſolution zu ertheilen ſei. Wie mag Knobelßdorff das
Ziel ſeiner Wünſche dicht vor ſich geglaubt haben! So hatte er denn das Glück,
am 23. vor dem Monarchen zu erſcheinen, wurde aber, obſchon er Zeit gewonnen,
die Klagen der Stifter vnd einen Aufſatz über Cameralſachen zu überreichen, nicht
zu Ende gehört, da man den König zur Veſper abrief. Jenem Aufſatz, deſſen In-
halt wir nur folgern können, hatte er die böſe Liſte der Rebellen beigelegt: da
nennt er 5 Zebliße, 5 Landskrons, 5 Seibliße, 4 Leſts, 3 Gellhorns, 2 Reichenbachs,
2 Schönaichs und noch 28 andere, zuſammen 54 Edelleute: welch' köſtliche Beute![2]
„Wie ſehr die Katholiſchen," fügt er hinzu, „geängſtigt und verjagt worden, auch in
den Städten vnd Dörfern, dies ſei nicht zu beſchreiben": „in Summa", heißt es
ſchließlich, „wann das Inquiſitions-Examen vndt die Confiscations-Comiſſion wird
„angehen; werden Ihr Kaiſerl. vnd Königl. Majſt. allererſt befinden, wie wenig
„trewe Landſaßen, Vaſallen vndt Vnterthanen Sie gehabt, derowegen dann verhoffent-
„lich die trewen belohnet, die vntrewen aber hingegen abgeſtraffet werden." Trotz
der kurzen Zeit hatte er alſo den Kern ſeiner Wünſche recht deutlich durchblicken
laſſen; als aber bei einer zweiten Audienz am 26. ihn der König außerordentlich
gnädig empfing, ihm die Hand reichte vnd ſich faſt eine Stunde lang mit größter
Genugthuung Vortrag halten ließ; legte er das, was er erſehnte, noch ſichtlicher an
den Tag. Ohne Zweifel nur um anzudeuten, daß man ihn aus den Gütern der
Rebellen entſchädigen möge, bat er nehmlich: ihm zu Gunſten ſeines ſtudirenden
Sohnes das der Stadt Hirſchberg durch ihre Rebellion verluſtige Privilegium des
Leinewand-Aufſchlags zu bewilligen und ihm überdies gegen die Urheber ſeines Ruins
ein Decret zu ertheilen, damit er einer Taxe gemäß billige Entſchädigung finde.
Ferdinand verſprach ihm ſchriftlichen Beſcheid und entließ ihn dann mit der Verſiche-
rung: „daß wie er biß dato ſein gnedigſter könig vnd Herr geweſen ſei, allſo wolle
er es weitter vndt allezeit verbleiben!" — Knobelßdorff fühlte voll Hoffnung, daß
die Leiter des Glücks feſt unter ſeinen Füßen ſtand. —

Schon oft hatten wir von einem Steigen und Fallen ſeiner Ausſichten zu
erzählen; biesmal, ſo nahe bem Ziel, ward er weiter denn je zurückgeworfen. Die königliche

---

[1] d. d. 20. Januar.
[2] Sie ſind in dem Warmbrunner Actenſt. genauer bezeichnet. Jene 28 ſind: 2 Elbels, 2 Horns,
2 Reße, 2 Schindels, 2 Spillers und je 1 v. Nimtſch, Salza, Schlebitz, Branchitſch, Rohr, Bibran,
Reibnitz, Hochberg, Fauſt, Warnsdorff. Noſtitz, Kalkreuth, Mohl, Stange, Sack, Briſch, Huudt und
Zeſchwitz.

1620. Antwort auf die vorgetragenen Fiscalpunkte,[1]) verschiebt unter vielen Belobigungen seines Eifers die Entscheidung in der Schaffgotschischen Angelegenheit auf den Ausfall des noch unbeendigten Processes und findet es nicht nur wegen der Verhandlungen mit Sachsen, sondern überhaupt während des Krieges bedenklich, Particular-Confiscationen vorzunehmen; sie seien auf ein etwa künftig vorzunehmendes General-Confiscationswerk zu verschieben, alsdann möge sie Knobelßdorff beantragen und inzwischen ferner gute Aufsicht haben. Sie waren es ja aber gerade, bei denen er nur auf Bereicherung rechnen konnte; wie sah er sich daher wieder enttäuscht! und wie wurde er es bald auf noch grausamere Weise, als ihm der Befehl an den Hauptmann der Fürstenthümer Schweidnitz und Jauer in die Hände fiel: über seine Bitten Bericht zu erstatten, da man nicht wisse, wie Hirschberg des Privilegiums verlustig gegangen, noch welchergestalt ihm sein Ruin zugefügt worden sei?[2]) Man wußte das nicht einmal, worauf er seit Jahren den Plan zu seiner Begüterung baute! — Er blieb noch etwa acht Tage in Wien und wird sie benutzt haben, dem Gedächtniß zu Hilfe zu kommen, das seine Verluste und treuen Dienste vergessen hatte. Denn unter Rühmung seiner guten Eigenschaften, Gelehrsamkeit und Talente, der dem Königlichen Sohne und dem Erzhause, seiner Voreltern rühmlichem Exempel nach, geleisteten, ersprießlichen Dienste, ungeachtet er deshalb große Verfolgung ausgestanden, beraubt, gebrandschatzt und ruinirt worden und doch standhaft treu geblieben sei, begnadigte ihn der Kaiser am 15. März mit der Würde eines Kaiserlichen Raths.[3]) — Mit einem königlichen Geleitsbrief zog er nun nach der Grafschaft heim, wieder um einen Titel reicher, doch an Mitteln so arm wie vorher.[4])

Die von Knobelßdorff in Wien gemachten Erfahrungen können ihren Eindruck nicht verfehlt haben; es muß ihm klar geworden sein, daß er auf dem bisherigen Wege seine Begüterung schwerlich erreichen werde. Viel zu energischen Willens, sie aufzugeben, handelte es sich bei ihm nur um einen anderen Weg, den er, täuschen wir uns nicht, durch die neue Beförderung gleichsam darauf hingewiesen, zunächst in der Erreichung höherer Aemter und Gehälter fand, Belohnungen, auf die, da sie nichts kosteten, bei fortgesetztem Eifer zu rechnen war; dann aber in Sparsamkeit und Speculation, welcher letzterer durch alle tief im Werth gesunkenen Schuldbriefe und Güter wie die an aufgelaufenen Steuern großartige Verschuldung der letzteren Thür und Thor geöffnet war. Konnte er bis gegen Ende des Krieges sich zum Herrn einiger Capitalien machen, so durfte er den Rest seiner Klugheit anheimgeben, und blieb man ihm wieder das Gehalt schuldig, worüber er übrigens schon lange nicht klagte; so war der Besitz eines in Steuern verschuldeten Gutes das beste Mittel, sich und das Gut bezahlt zu machen. Wir wollen nicht Alles erschöpfen, was ein juristischer und speculativer Kopf ausbeuten konnte, aus dem Kriege Vortheil zu ziehen; doch urtheilen wir bestimmt: der neue Kaiserliche Rath habe jetzt andere Wege zu seinem Ziele eingeschlagen.

---

[1]) d. d. 7. März. Samml. v. R. betreffender Papiere, dem Grafen Stillfried (Fc. in Berlin geb.
[2]) Königl. Schrb. d. d. 6. März. Abschr. in d. Stillfried'schen Samml.
[3]) s. Urkb. Bel. z. d. Biogr. Handschr. d. Biblth. z. Warmbrunn. 4.
[4]) kam d. 4. April dort an.

Er sollte die Hand halten auf den Gütern der Rebellen und sie vor Schaden [1435]
hüten, verlangte das königliche Rescript.[1]) Deshalb hatte er schon in Wien für die
Schaffgotschischen Städte „Salvaguardien" ausgewirkt, doch Colloredo kehrte sich nicht
daran und brandschatzte weiter. Wiederholt bat er den König um gemessene Befehle
an die Generale, die Herrschaften zu verschonen, verwandte sich besonders für das
niedergebrannte Schmiedeberg und bat auch für Greiffenstein, welches vergessen sein
mochte, um eine „Salvaguardia." Er trat sogar mit den kaiserlichen Officieren in
Briefwechsel, um die seiner Aufsicht übergebenen Besitzungen zu schützen; aber schwerlich
wird dies von Erfolg gewesen sein. — Die königlichen Interessen zu vertreten,
besuchte er Ende April den Landtag in Schweidnitz. Mehrere Landesälteste und
Stände nahmen ihn dort bei Seite und suchten sich vor ihm ohne gegebene Veranlassung vom Verdacht der Rebellion zu reinigen: man wußte also, was und durch
wen es zu befürchten stand. Es mag ihn wenig beirrt haben; doch nützte er die
Gelegenheit, nach allen Seiten hin Erkundigungen einzuziehen, also Einen über den
Anderen auszufragen. — Gegen Mitte Juni lief das Gerücht durch Schlesien: Schaffgotsch sei freigesprochen, im Frieden mit Sachsen werde die Religion freigegeben und
Alles „generaliter pardonirt" werden. Es kann nicht mehr auffallen, daß Knobelßdorff dies Alles mit großer Ruhe entgegennahm; doch bat er Fench wie ben Kriegs-
secretair des Königs, ihm gleich nach Abschluß des Friedens die betreffenden Punkte
mitzutheilen. Bald hielt er freudig einen Auszug des Prager Instruments[2]) in Händen,
wonach nur Breslau wie den Herzögen von Oels, Liegnitz und Brieg Verzeihung
und freie Religionsübung wurde, die übrigen Fürstenthümer aber betreffs der Empö-
rung und Religion der Gnade des Kaisers anheimfielen. Schlesien klagte, Sachsen
fühlte lebhaft sein begangenes Unrecht und Arnheim, der sein Ehrenwort für den
Accord eingesetzt, verließ aus Unwillen den sächsischen Dienst; doch Knobelßdorff
triumphirte und noch einmal beschlich ihn die Hoffnung auf die Confiscationen. Er
bittet Ferdinand III. hierüber um Befehle[3]) und läßt noch einmal einfließen: „jetzt
würden wohl die Treuen belohnt, die Untreuen bestraft werden;" aber es ist ihm
kein rechter Ernst mehr damit. Er räth vielmehr dem König, sich mit dem Fürstenthum Glogau, das reich an Regalien und jetzt „durch die vermaledeite unndt mehr
„alß catilinarische, friedländische conjuration" dem Kaiser anheimgefallen sei,
belehnen zu lassen und es dann den Fürstenthümern Jauer und Schweidnitz einzu-
verleiben," wodurch auch sein Fiscalat eine bedeutende Vergrößerung erfahren mußte.
Wenn er dann im August Fench beiläufig fragt,[4]) ob es wahr sei, daß der König
einen neuen Fiscal setzen und ihn wo anderßhin befördern wolle? so sehen wir darin
nur bestätigt, welchen Umschwung die Wiener Erfahrungen in ihm hervorge-
bracht hatten.

Inzwischen hatte sich das Loos Hans Ulrichs von Schaffgotsch entschieden. Ohne
Vertheidigung verurtheilt, hatte er es verschmäht, sich durch Abschwören seines Glaubens
zu retten, und war am 23. Juli zu Regensburg enthauptet worden.[5]) Die Schlesier
betrauerten ihren Egmont. — Kaum hatten die Sachsen das Land geräumt, begann

---

[1]) d. d. 7. März.   [2]) d. d. 30. Mai 1635.   [3]) d. d. 23. Juli.   [4]) b. 14. Aug.
[5]) Als er verurtheilt worden war, fragte er: „was habe ich denn verbrochen? dies eine bitt ich,
„saget mir!" — „Wir wissen es nicht! der Kaiser hat's befohlen!" lautete die Antwort.

1635. auch die Abschaffung des evangelischen Gottesdienstes und man ging an die Einziehung des Besitzes der in Wallensteins Proceß verwickelten Großen. Das Herzogthum Sagan, das Fürstenthum Glogau, die Schönaich'sche Herrschaft Beuthen,[1]) die oberschlesische Herrschaft des Grafen Terzka und alle Schaffgotschischen Besitzungen wurden auf diese Weise den Erben entrissen; nur die kleinen Sünder beachtete man nicht. Sparr, Wallensteins Generalfeldzeugmeister, ward pardonirt; denn er hatte keine Herrschaft zu verlieren und nur in Breslau einiges Geld stehen, das Knobelßdorff hatte mit Beschlag belegen und sich deshalb vielen Mühen unterziehen müssen.[2]) Im November und December wurden die Herrschaften Hans Ulrichs von den angekommenen Oberregenten in Begleitung Knobelßdorffs bereist: Kemnitz, Schmiedeberg, Giersdorf, Kienast, Greiffenstein, Friedeberg und Greiffenberg feierlichst von ihnen für den Kaiser in Pflicht genommen, Hertwigswalde, Rauske und Kuhnern dagegen von dem Fiscal allein. Dann brachte man die Kinder des Freiherrn nach Olmütz, 1636. um sie von den Jesuiten katholisch erziehen zu lassen und schritt endlich gegen Anfang des Jahres 1636 zur Veräußerung und Vertheilung der Effecten, welche nach Glatz geschafft waren. Es scheint, daß der König Knobelßdorff für alle Mühen in diesen Angelegenheiten einen Gnadenrecompens bewilligt hat; da er ihm als Abschlagszahlung — etliche Kleider des Hingerichteten zum Geschenk machte. Allerdings für einen Pfalzgrafen und Kaiserlichen Rath ein wunderliches Präsent, das ebenso für die Finanzbedrängnisse des Gebers wie die edlen Eigenschaften des Empfängers spricht. Bezweifelten wir Letzteres, um ein Erröthen zu sparen und dächten an die seltsamen Sitten der alten Zeit; seine eigenen Worte müßten uns eines Besseren belehren. Er berichtet an die Oberregenten, daß er bei Taxirung jener Kleider gefunden, einen wie schlechten „lucrum er haben thue;" denn da er sich die schwarzen zurecht machen lasse, zeige sich, daß Alles „ein zerstücklet, alt unndt geflicktes Wesen" sei, mit Ausnahme des einen Mantels, welcher gegen einen treuen Diener um 50 Guldenthaler hoch genug veranschlagt gewesen wäre. Deshalb komme er nicht auf die völlige „quotam" und hoffe, anderweitig bedacht zu werden. Da er nun zum täglichen Gebrauch gern einen Mantel und Kleid von Tuch hätte, so möge man ihm einen Rest stahlgrünes Tuch, der auf 20 fl. Rthl. taxirt sei, „herumblaßen." — Sollen uns da nicht die kleinbürgerlichen Verhältnisse seines Herkommens einfallen?!

Die Quelle, welche uns bisher soviel Einzelnheiten lieferte, ein Actenstück von Knobelßdorffs Hand in der Bibliothek zu Warmbrunn, ist nun erschöpft. Wir sehen ihn noch mit Energie gegen die Juden zu Felde ziehen, die sich wieder in den Fürstenthümern gemehrt hatten und das Land ausmergelten. Sie traten gegen ihn mit einer Klageschrift von acht Punkten auf, die er allerdings mit leichter Mühe in einer drei Bogen langen Schrift widerlegte.[3]) Wir sehen ihn im Februar mit dem Glatzer Hauptmann in das Oppeln'sche reisen, wo er die Herrschaften Terzkas, des in Eger umgekommenen Schwagers Wallensteins, zu besichtigen und deren Gränzen festzustellen hatte, um sie mit Ausschluß einiger Dörfer an die Grafen Colloredo für 396,000 Gul-

---

[1]) Johann v. Schönaich wurde wegen Einverständnisses mit den Schweden verfolgt. Klopsch. Gesch. der v. Sch.

[2]) Ernst Georg, nachmals Grf. v. Sparr, dessen prächtiges Epitaphium sich in der Marienkirche zu Berlin befindet. † 1666. sein Leben v. Th. v. Mörner. [3]) Mehr ist nicht bekannt.

denthaler zu übergeben. Dann legen wir das Actenſtück aus der Hand. Die Art, 1634.
wie es uns geſtattete, ihn Jahre lang zu begleiten, gab ſo deutliche Fingerzeige zum
Verſtändniß ſeines Charakters, legte den Umfang ſeiner Pflichten, ſeines Einfluſſes
wie ſeines unmittelbaren Verhältniſſes zum Kaiſer und König ſo klar zu Tage, daß
weitere Details wohl entbehrlich ſein werden, wenn wir der aus jenen Papieren
uns gebliebenen, allgemeinen Eindrücke nach Erwähnung thun. — Er war ein aus-
gezeichneter Juriſt, der Feder für ſeine Zeit in hohem Grade gewachſen, und führte
ſeine Geſchäfte mit großer Ordnung, aber auch mit der Gewißheit des Sieges. Er
zeigt ſich als Feind der Juden und der Lutheraner, „der Ludriſchen", wie er ſie in
einem vertraulichen Briefe bezeichnet; er ſpürt dem „abſcheulichen Laſter der Rebellion"
mit ungemeinem Eifer nach, vertritt aber ſichtlich die reuig in den Schooß der Kirche
Zurückgekehrten. Oefter zeigt er Mitleid mit dem Unglück und Spuren einer natür-
lichen Gutmüthigkeit, ſo gegen Schmiedeberg und ſelbſt gegen Reichenbach, als ſich
ſein Zorn erſt gekühlt hatte; doch niemals ſtehen ihm dieſe Regungen bei ſeinen
Amtspflichten oder ſeinen eigenen Intereſſen im Wege. Er weiß immer genau, was
er will: Alles für den Kaiſer und König und durch ſie für ſich ſelbſt. —

Die nächſten Jahre, in denen die mit Undank belohnten Schweden den Krieg 1634. 37.
außerhalb Schleſiens fortſetzten,[1] können wir flüchtiger behandeln. Zwar füllten ſie
koſtſpielige Durchmärſche kaiſerlicher Völker und Religionsbedrückungen aus, — ſo
begegnen wir unſerem Fiscal mit dem Landtshauptmann Ende März 1637 in
Schweidnitz zur Vertreibung der dahin geflüchteten, evangeliſchen Dorfprediger;[2] —
aber dies hinderte ihn nicht, zu Glatz mit Muße ſeine Proceſſe zu führen, Lehns-
fälligkeiten zu unterſuchen, Strafgelder einzutreiben und, wie er ſich ausdrückte, Berg
und Thal zu erangeln. Auch die Schaffgotſchiſchen Herrſchaften machten ihm noch
Manches zu ſchaffen; da ſie mit Ausnahme von Kemnitz und Trachenberg, welche den
Grafen Palffy von Erdöd und Haßfeldt zufielen, erſt im September 1637 in
einem Puez von Adlerthurm einen Adminiſtrator erhielten.[3] Er hat es an Eifer gewiß nirgend fehlen laſſen und, nachdem Freund Fenck 1635 geſtorben war, ſich bald
an entſcheidender Stelle durch ſein Verdienſt neue Gönner und durch Sparſamkeit
und Gnadenrecompenſe wieder ein kleines Vermögen erworben. Am 15. Februar
1637 ſtarb Ferdinand II. und hinterließ dem Sohn mit ſeinen unbeugſamen Grund-
ſätzen das Erbtheil jenes fürchterlichen Krieges. Das Wohlwollen, ja die Gunſt des
böhmiſchen Königs blieb Knobelßdorff auch bei dem römiſchen gewahrt; denn zum
Kriege brauchte man Geld und diejenigen, welche es ſchafften, waren gern geſehen.
Ueberdies, gekannter in den Umgebungen Ferdinands III., als in denen des verſtor-

---

[1] A. 1638 wurde ein ſchwed. pfälz. Corps unter Churfürſt Carl Ludw. v. d. Pfalz, Sohn des
Winterkönigs, bei Vlotho in Weſtphalen v. d. Kaiſerl. geſchlagen, wobei der Page des Churfürſten,
Joachim Euſtachius v. Knobelsdorff a. d. H. Tauchel, in Gefangenſchaft gerieth. Später trat derſelbe
in ſchwed. Dienſte und avanſirte in der Reiterei bis z. Major. Die Söhne ſeines Oheims, Chriſtoph
u. Euſtach. v. K. a. d. H. Topper kämpften in den letzten Kriegsjahren ebenfalls im ſchwed. Heere.
[2] Berg. Geſch. d. ſchwerſten Prüfungszeit d. evang. Kirche Schleſiens. 1837. — Joh. Georg v.
Knobelsdorff a. d. H. Schwiebus-Rückersdorf, Hauptm. u. Pfandherr zu Schwiebus, auf Muſchten,
weigerte ſich damals lange, d. Prediger ſeiner Stadt abzuſchaffen, bis man ihn mit Verluſt des Pfand-
rechts bedrohte.
[3] Kaiſerl. Schreib. v. 1. Aug. 1637. Stillfried a. a. O. Ehrhardts Presbyterologie des ev. Schleſiens T. III. p. 232.

1637. benen Kaifers, war Alles, was fich in feinen Beziehungen zum Hofe änderte, nur vortheilhaft. Am 1. Auguft 1637 wurde ihm nicht allein der Kaiferliche Rathstitel beftätigt; fondern als fich um diefelbe Zeit, durch den Tod feines ehemaligen Rectors, Jacob von Schidfuß, das Fiscalat im Oppeln- und Ratibor'fchen erledigte, wurde es ihm übertragen, fo baß er gleichzeitig in vier Fürftenthümern und einer Graf-fchaft Kammer-Fiscal war.[1]) Nicht genug: gleich darauf, am 22. September beförberte ihn der Kaifer durch Ernennung zum Oberamtsrath in Schlefien in eine neue Sphäre, in das Collegium Kaiferlicher Räthe, das dem Oberhauptmann, Herzog von Oels-Bernftadt, und dem ihn meiftens vertretenden Oberamts-Canzler zur Seite gefett war.[2])

Knobelsdorff eilte nach Breslau, melbete fich beim Herzog auf deffen Landfit zu Ellguth und wurde dort am 14. October inftallirt und vereidigt. Dann kehrte er nach Glat zurüd, um Rechnung zu legen und beforgte auf der Hin- und Her-reife — bezeichnend für feinen Dienfteifer — noch viele Fiscalatsgefchäfte. Daß ihm bei feiner Rechnung Ansftellungen gemacht wurden, fcheint uns bedeutungslos; er wies fie zurüd und wurde 1639, 1640 und fchließlich nochmals — freilich erft nach zwanzig Jahren — aller Anfprüche ledig gefprochen. Dennoch trat fünf Jahr nach feinem Tode der damalige Sauer- und Schweidnit'fche Fiscal mit zwei bei feiner Amtszeit eincaffirten, aber nicht verrechneten Summen hervor,[3]) fich auf die Ab-fchrift zweier feiner Briefe ftütend, welche diefe Schuld einräumten. Alles Sträuben war vergebens; endlich fette man mit Gewalt bei feinem Erben die Auszahlung des Capi-tals durch und diefer mußte froh fein, daß ihm die faft breißigjährigen Zinfen erlaffen wurden.[4]) Wir nehmen Anftand, gleich unbillig zu verfahren, indem wir darauf Schlüffe nach rüdwärts bauen. Es mag dem Lefer überlaffen bleiben, fein Urtheil feftzuftellen, wenn er fpäter Martin aus dem Staatsdienft fcheiden fieht.

Herzog Heinrich Wenzel, obgleich Proteftant und ein Sproß Georg Podiebrads, war doch dem Kaifer allezeit treu geblieben. Dennungeachtet war ihm die Ober-hauptmannfchaft fo eingefchränft worden, daß er ftatt eines Organs der Fürften und Stände ein Spielball der Oberamtsräthe war, welche der Kaifer beftellte, die Katholiten und ergeben befundene Werkzeuge des allerhöchften Willens waren. Man hatte ihm geradezu verboten, ohne ihren Beirath etwas zu unternehmen. Die Stände, jet gebengt und erfchöpft, beherrfcht von den kaiferlichen Waffen, wagten Ferdinands Zorn in Nichts zu reizen, fchwiegen von ihren Privilegien, kamen zufammen, nicht wenn fie wollten, fondern nur wenn fie Steuern bewilligen follten, und bewilligten dann, was fie doch mußten. Ihre Befchlüffe wurden vorher von kaiferlichen Commiffarien mit den Räthen befprochen und ihnen gleichfam vorgefchrieben. Der Herzog überließ

---

[1]) zu erfehen aus d. kaifl. Schrb. d. d. 30. Dec. 1637. Stillfried'fche Samml.
[2]) d. d. Ebersdorf. Stillfried'fche Samml. f. Urfb. Abth. Bef. z. d. Biogr. v. K.'s Fiscalate wurden zur Zeit mit dem niederfchlefifchen vereinigt, in Glat ein anderer Fiscal beftellt.
[3]) im Mai 1661. [4]) Schlef. Prov.-Arch. Acten v. Kammendorf u. Sachwit.

daher die Geschäfte, auf die er so wenig Einfluß hatte, dem Canzler, Freiherrn von Oberg, wie dem Collegium und lebte meistentheils auf seinen mährischen Gütern. Viele sonst durch den Oberhauptmann gegangene Beschwerden und Gesuche über Religions- und Steuerdruck, schlechte Justiz und Vergewaltigung fielen nun von selbst fort; Canzler und Räthe wiesen sie zurück, denn, der Kaiser hat es so befohlen, hieß es.[1] — Wir begleiten den neuen Oberamtsrath nicht in die Sitzungen seines Collegiums. Dissentirende Vota wird er wenige abgegeben haben, denn er paßte dahin, als wäre er dafür geschaffen. Er war gewöhnt, die kaiserlichen Interessen wohl wahrzunehmen, und dahin lautete sein Amtseid; ein Werkzeug des Absolutismus war er halb aus Ueberzeugung, halb seines Vortheils wegen; an Eifer, Ausdauer und Gewandtheit fehlte es ihm nie; was brauchte er mehr? Er konnte jetzt um so erfolgreicher seinen Speculationen leben, jemehr Gelegenheit ihm die große Stadt und die amtliche Kenntniß geeigneter Fälle darbot; er war in den Stand gesetzt, sich in den schlesischen Fürsten, den Lichtensteins, Lobkowitz, Colloredo, Harrach, Haß-feldt und anderen vielvermögende Gönner zu schaffen[2], und konnte ruhig von den starken Wällen Breslaus den Stürmen zusehen, welche seit 1639 mit den Kriegs-zügen der Schweden unter Stahlhantsch, Torstenson und Wittenberg das gequälte Schlesierland wieder heimsuchten. Wir sind aus dieser Zeit arm an Nachrichten von ihm: diese wenigen aber geben Zeugniß, daß er mehr that, als sein Palatinat ver-werthen, — er verlieh von 1637—1639 nur zwei Notariate und zwei Wappen-briefe[3] — sondern, daß er speculirte. Er ließ 1638 dem kaiserlichen Kriegs-commissariat für die bei Hirschberg stehenden Völker über 40 Malter Getreide in das Schweidnitzische Magazin.[4] Vielleicht hatte er sie für eine Schuld zu mäßigem Werth angenommen und nun erwarb er sich Anerkennung damit und einen höheren Preis. Mit Zwangsmitteln drohend, mahnt er 1639 einen Ungenannten um den Rest einer Schuld, die jetzt wegen der guten Erndte wohl zu berichtigen sei: „die zwei bei ihm stehenden Rosse wären nichts werth und das Silberwerk könne auch nicht so hoch, als geschätzt, veräußert werden."[5] — Scheint es nicht, als wenn er auf Pfand geliehen hätte und nun von dessen Werth etwas abzudingen suchte?

Im October 1639 starb Herzog Heinrich Wenzel. Knobelsdorff wohnte den Leichenfeierlichkeiten bei und hatte als Kaiserlicher und Oberamts-Rath wie als Pfalzgraf die Ehre, die Prinzessin Elisabeth Maria von Oels-Bernstadt im Leichen-gefolge zu führen.[6] Er fing an, gegen solche Auszeichnungen nicht unempfindlich zu sein. Der katholische Fürst Lichtenstein, Herzog von Troppau und Jägerndorf ward nun sein Oberhauptmann; da aber 1640 Leopold Wilhelm, der Bruder des Kaisers, Deutschmeister und vierfacher Bischof: von Straßburg, Passau, Halberstadt

[1] s. p. 361, Note [?], auch Wuttke a. a. O. Thl. 2, p. 87. 88.
[2] Fürstl. Lobcowitz'sches Arch. in Raudnitz. Briefe v. K.'s.
[3] 1638, Casp. Sandmann, Stiftsamtm. z. Sagan und Casp. Riedel, Bürgermeister zu Franken-stein. — Von 1636 sind 2 z. erwähnen: Const. Topichel, Bürgermeister z. Reichenbach, v. K.'s Mit-gefangener in Ohlau, u. Hans Rudolph von (zu) Hirschberg.
[4] Kaiserl. Rescr. d. d. 3. Nov. 1648.
[5] Stillfried, Samml. a. a. O. d. d. 8. Aug.
[6] s. d. bezgl. Leichenpredigt. Die Prinzessin war die einzige Tochter Carl Friedr.'s v. Oels e. c., des letzten männl. Podiebrad; sie heirathete Prinz Sylvius Nimrod v. Würtemberg, an welchen Oels fiel.

47*

1640–42. und Olmütz, den Befehl über das in Verfall gerathene Heer übernahm und Stahl-hantsch glücklich bis Beuthen zurückdrängte; suchte und verstand es Knobelßdorff, diesen neu aufgehenden Stern zu gewinnen. Wir sind außer Stande, dies Ver-hältniß zu durchschauen, aber die Belehnungen und Ehren, die ihm der Erzherzog später zuwandte, müssen ihre Veranlassung gehabt haben. — Darauf brach Torsten-son 1642 durch die Mark in Schlesien ein. Vom Podagra gelähmt, doch schneller als seine Feinde, stürmte er Glogau, schlug Franz von Lauenburg bei Schweidnitz, drang in Mähren ein, nahm Olmütz und streifte bis Wien. Dessenungeachtet ver-harrten die schlesischen Stände in Treue gegen den Kaiser, ja, als Erzherzog Leopold die Schweden wieder auf Schlesien beschränkte und diese, nach Cosel und Oppeln, auch Brieg einnehmen wollten; vertheidigten es die protestantischen Herzöge und ihre Bürger so tapfer, daß Leopold Zeit zum Entsatz gewann. So weit hatten die Maß-nahmen des Hofes, an denen wir Knobelßdorff so thätigen Antheil nehmen sahen, die öffentliche Meinung umgekehrt; obgleich die freilich plündernden und brandschatzen-den Schweden, wo sie hinkamen, den evangelischen Gottesdienst herstellten. — Tor-stenson wich in die Neumark, Leopold belagerte Glogau; dann befreite es jener und trug den Krieg in die Lausitz wie nach Sachsen, wo er am 23. October bei Breiten-feld Leopold derartig besiegte, daß dieser den Oberbefehl niederlegte. Nun blieben die Schweden, von den besetzt gehaltenen Städten aus, über ein Jahr lang die Herren in Schlesien. Keine Behörde, kein Fürst regte sich zu ihrem Beistand:[1] man betete unter ihrem Schutz, fürchtete Gott und den Kaiser. — Zweimal war Erzherzog Leo-pold Wilhelm glücklich in Schlesien aufgetreten; für unsern Oberamtsrath Gelegen-heit genug, sei es durch Beschaffung von Lebensmitteln und Nachrichten oder durch Eintreibung der Kriegssteuern, seinen Eifer wie seine Klugheit so sehr zur Geltung zu bringen, daß ihn der Erzherzog später zu seinem Rath ernannte[2] und einen Re-compens von 500 Thalern bewilligte.[3] Wie sehr er es überhaupt verstanden hatte, sein Ansehen zu heben, zeigt uns, daß er 1641 als Stellvertreter der Gebrüder Wolfgang Wilhelm und Johann Friedrich Pfalzgrafen am Rhein, des Oberhaupt-manns Fürsten Lichtenstein wie der schlesischen Fürsten und Stände bei den Leichen-feierlichkeiten der Herzogin Anna Sophie von Oels, geborene Herzogin von Sachsen-Jülich-Cleve-Berg, erschien und neben dem Herzog Christian von Brieg wieder die Prinzessin Elisabeth Marie, die Tochter der Verewigten, zu geleiten hatte.[4] Da er hierbei den anderen Räthen, ja selbst dem Canzler vorgezogen wurde, da ihn selbst die Fürsten und Stände zu ihrem Vertreter machten; wagen wir den Schluß, er sei auf ihren Tagen, schon als Fiscal bekannt, ein gefürchteter Gast gewesen, den bei Laune zu erhalten wegen seines Einflusses gar nöthig war. Eitelkeit und Titelsucht sind neben Eifer und Strebsamkeit die Merkmale der Emporkömmlinge.

---

[1] Johann Tobias v. Knobelsdorff a. d. H. Herwigsdorf diente um diese Zeit als ein Oberoffic. in der schles. Miliz, wurde zweimal von den Schweden nach Beuthen und Glogau gefangen fortge-führt, blieb aber dem Kaiser getreu. vid. sein Freiherrndiplom. Andererseits entläuft 1643 der 17jäh-rige Friedrich, Sohn Maximilians v. Knobelsdorff auf Pilgramsdorf e. e. seinen Eltern und geht trotz des Verbots des Liegnitzer Herzogs in schwedische Kriegsdienste. Er lebrte nie wieder.

[2] v. K. nennt sich 1645 selbst so. [3] Kais. Rescr. d. d. 3. Nov. 1648.

[4] s. die bzgl. Leichenpredigt.

Daß er auch in dieser Zeit seinen Wohlstand im Auge gehabt, versteht sich von [1640-43.] selbst. Wir wissen von einem Notariat, von der Legitimirung des Sprossen eines Herrn von Salisch wie von acht Wappenbriefen, die er ausfertigte, und darunter einer für Sebastian von Rostock, den nachmaligen Fürstbischof von Breslau und Oberhauptmann von Schlesien.[1]) Wir wissen wenig, aber wohl, daß er sich Frau Elisabeth von Knobelsdorff und Moje, geborne von Näse, auf Stabelwitz und Roth-sürben bei Breslau, deren Eheherr, Albrecht Friedrich, als kaiserlicher Oberst über ein Regiment deutscher Reiter abwesend war, durch Darleihung von Capitalien ver-pflichtet hatte. Er borgte ihr auch Getreide, stellte Vieh bei ihr zur Weide ein, kurz es gab da allerlei Rechnerei herüber und hinüber, wobei er ihr „mitleidentlich" wegen Steuerexecution das baare Geld in Händen ließ. Endlich sollte sie zahlen; sie vertröstete ihn von Jahr zu Jahr, bis er 1643 übrigens mit Mäßigung klagbar wurde. Bezeichnend sind die Worte der Obristin in ihrer Antwort: „obgleich sie wohl wider die Schuld viel einzuwenden hätte, wolle sie es für diesmal zu Erhaltung guter Einigkeit lieber unterlassen."[2]) Sei es, daß Martin befriedigt wurde[3]), oder daß seine Gutmüthigkeit ihn noch abhielt, gegen die Gemahlin eines kaiserlichen Obersten allzuscharf aufzutreten; gleichviel: uns deucht, er habe sich vorgenommen, in ähnlichen Fällen nicht wieder davor zu erschrecken, daß er durch den Ruin Anderer sein Glück gründen wolle.

Nachdem Torstenson im September 1643 durch Böhmen wieder bis Wien vor-gedrungen und dann durch Schlesien nach Holstein marschirt war, wobei er die Vor-städte Breslaus anzündete; nachdem die Kaiserlichen in seiner Abwesenheit viele Städte wieder erobert hatten, aus denen sie nun nicht mehr vertrieben wurden; lag der Krieg 1644 und 1645 in Schlesien gleichsam in den letzten Athemzügen. Die [1644-46.] geschwächten Gegner behaupteten sich ruhig in ihren festen Städten und das Riesen-werk des westphälischen Friedens hatte begonnen. Jetzt, wo ein Ende der Verwü-stungen, Brandschatzungen und Einquartierungsplagen abzusehen war, hielt es Kno-belsdorff an der Zeit, den langgehegten Plan seiner Begüterung auszuführen. Daß er es in einer Zeit konnte, wo man ihm weder Sold, Recompens noch die Getreide-gelder auszahlte und wo die Einnahme von vier Wappenbriefen kaum hingereicht haben kann, seinen Haushalt zu decken,[4]) beweist, wie ansehnlich schon damals sein

---

[1]) d. 1640 Adam Franz Themassen, Rathsdiener d. kaiserl. Buchhalterei in Breslau. Johann Ferdinand Bletzner v. Wiesengrund, Syndicus in Glatz. d. 1641 v. Rostock, damals canonicus zu St. Johann in Breslau u. Heil. Kreuz in Oppeln, Erzpriester in Neiße; nach seinem Tode († 1671) war der Brief für seinen Schwager Joh. Sollbrig, Bürger in Neiße, gültig. Ferner d. 1641 Christian Demilcher, Bürger und Handelsm. z. Glatz, Joh. Gloger, Bürger und Handelsm. z. Breslau. d. 1612. Joh. Kretzig v. Lilienfels u. Kratzberg, Rathsverw. u. Handelsm. zu Braunau. d. 1643 Adam v. Salisch z. Poln. Marchwitz (kurz vorher durch v. R. legitimirt). Jacob Krause, Bürger u. Apoth. zu Breslau u. Landshut.

[2]) Schrb. v. R.'s d. d. 30. April 1643. Schles. Prov.-Arch. Acten v. Rothsürben.

[3]) 1648 war er es wahrschl. noch nicht. 1655 war er Gläubiger von Rothsürben u. der Obristin Erben.

[4]) d. 1644 Joh. Scheffler, Bürgerin. z. Sagan. d. 1645 Samuel Putschkens u. Brüder, Jurist z. Breslau. Georg Keller, Rathsverw. z. Reichenbach u. z. dem Stammb. der Gebrüder Käthel auf Hirschfelde (das confiscirte Knobelsdorff'sche Gut) die Wappen der ausgest. Famil.: Gündel-Meyer, Zendel und Kircher.

1646. 45. Vermögen war. Ist auch die Zeit seiner Erwerbungen nicht genau anzugeben, so ist doch über die Art derselben kaum zu zweifeln. Er hatte von mehreren Gläubigern von Ullersdorf (Olbersdorf) bei Reichenbach[1] ihre Ansprüche an sich gebracht und war dann, um Bezahlung zu erlangen, man nannte es: „genothdrängt" worden, die Immission herbeizuführen, es als Hauptgläubiger in Verwaltung zu nehmen und — zu behalten. Den eigentlichen Besitztitel desselben hat er nie erworben,[2] obwohl er sich seit 1645 Herr auf Ullersdorf, gleichzeitig aber auch: auf Kammendorf, Sachwitz und Straben nannte.[3] Diesen bis dahin von Seidlitzischen Gütercomplex im bischöflich Canth' schen Amt mag er auf ähnliche Art erlangt haben; da er ihn durch allmälige Befriedigung der Gläubiger desselben, schließlich 1650 und 1652, zum vollen Eigenthum gemacht hat.[4] Er wäre damit gewiß früher zu Stande gekommen, wenn nicht die Finanzverhältnisse in Wien zu verzweifelt gewesen wären: die Fürstenthümer Oppeln und Ratibor mußten 1645 an Polen verpfändet und Sagan 1646 an Fürst Wenzel von Lobkowitz verkauft werden. Knobellsdorff hatte 500 Thaler Recompens, 300 für das Getreide und Erklecfliches an Gehalt zu fordern. Man verwies ihn mit letzteren Posten auf „die Oppelnschen Mittel", von denen aber nichts für ihn abfiel,[5] und der Erzherzog, der 1645 wieder den Oberfehl in Händen hielt und die 500 Thlr. deshalb um so weniger missen konnte, ernannte ihn, ohne Zweifel um ihn zu vertrö-

1646. 47. sten, zu seinem Rath.[6] — Als nun General Wittenberg 1646 mit einem schwedischen Corps in Schlesien einfiel und ärger als je brandschatzte, als er sich in Ohlau verschanzte und selbst Breslau beschoß; da sah Martin, der wieder etwas zu verlieren hatte, den Krieg ganz anders an. Er schildert 1647[7] dem böhmischen Statthalter Christoph Friedrich von Lobkowitz die großen Verwüstungen durch Freund und Feind, „von dem zu geschweigen, was seine eigenen Güter leiden, da ja Alles ohne Unterschied gehet!" Er theilt die Truppenstellungen mit und bittet endlich, ihm den bewußten Recompens auszuwirken. „Gott gebe Frieden!" Schon im Jahre 1646, hoffend, selbst bezahlt zu werden, scheint er sich großes Verdienst um die 300,000 Gulden erworben zu haben, welche dem Kaiser bewilligt wurden; doch alles Mühen im allerhöchsten Interesse, alles Liebkosen mit den evangelischen und katholischen Ständen, mit dem protestantischen Oberhauptmann, Herzog Georg Rudolph von Liegnitz, wie mit den katholischen Großen in Wien, es verhalf ihm nicht zu seinem Gelde. Dabei mußte er, als Wittenberg Breslau einschloß, mit den Einwohnern Hunger leiden, bis es diesem gestattet wurde, in den Vorstädten seine Kriegsbedürfnisse einzulaufen. O! über den verderblichen Krieg!

1648. Endlich, nach dreißig langen Jahren, am 24. October 1648, wurde Frieden geschlossen. — Nur Wenige erlebten das Ende des Krieges von denen, die den An-

---

[1] 1626 besaßen es zwei Brüder v. Ullersdorff.

[2] Schles. Prov.-Arch. Schweidn.-Jauersches Protocollb. fol. 476. (Erst 1662 erhielt Ullersdorff wieder einen juristischen Besitzer.

[3] In einem der Wappenbriefe.

[4] Stillfried'sche Samml. Die letzte Zahlung an Fr. v. Zedlitz geb. v. Seidlitz betrug 3800 fl. rh. u. 100 fl. ungr.

[5] Raudnitzer Arch. Schreib. v. K.'s d. d. 11. März 1618.

[6] So nennt er sich 1644 noch nicht, wohl aber 1645. Wappenbriefe.

[7] d. d. 18. März. Raudn. Arch.

fang gesehen hatten: — Martin war einer dieser Wenigen. Die Städte waren ent- ¹⁶⁴⁸· völkert, niedergebrannt, verarmt und ihrer Rechte beraubt: — er war kein Bürger mehr. Ritter- und Bauergüter lagen wüst und verheert, ihre tiefverschuldeten Besitzer sanken den Geldmachern in die Hände, und nach Jahrzehnten schwebte noch der Concurs über ihren Häuptern: — was kümmerte das Knobelßdorff, der dabei nur gewann?¹) Ihn hatte seine Klugheit und Consequenz in eine einflußreiche Stellung, zu Namen und Ehren gebracht, er hatte ein Vermögen, hatte Grundbesitz erworben und jedes Jahr trug seine Glücksgüter auf höhere Stufen. Und die Religion? — Schlesien war durch die Schweden und Sachsen, die dort so viel Unterstützung gefunden, noch ein milderes Loos zugefallen, als den andern kaiserlichen Erblanden. Breslau und die Länder der noch wirklich regierenden Herzöge erhielten Religionsfreiheit; doch in den Erbfürstenthümern hatte der Kaiser mit der Beschränkung freie Hand, daß Niemand die Güter zu verlassen gezwungen und gewaltsam bekehrt werde, daß ausländische Kirchen zu besuchen und vor Glogau, Schweidnitz, Jauer drei sogenannte Friedens-kirchen zu erbauen, gestattet sei.²) Dies Alles war Martin ziemlich gleichgültig; nur daß das Particular-Confiscationswerk fort- und ihm nichts daraus zufiel, daß das Rescript Ferdinands II. vom 26. October 1632 so ganz nutzlos erworben sein sollte, das hat ihm vielleicht eine schwere Stunde gemacht.³) —

Die allgemeinen Erwerbsverhältnisse mußten durch den Frieden eine Veränderung erfahren; viele Quellen versiechten, ehe sich neue geöffnet hatten. Auch Knobelßdorff konnte bis 1648 noch zwei Notariate und drei Wappenbriefe ausfertigen⁴) und nun bis 1651 nur eine Ernennung zum Magister. Er war 1648 noch im Stande gewesen, die Kirche von Ullersdorf restauriren zu lassen⁵), und nun nach dem Kriege, wo seine Güter gebieterisch Zuschüsse forderten, an Gehalt mit 2500 fl. im Rest, mußte er selbst den Kaiser mahnen, seinen Forderungen gerecht zu werden. Er wurde an die Hofkammer gewiesen, wohin er Bestens empfohlen sei. — Seiner Gewohnheit gemäß die eine Hand nach alten, die andere nach neuen Ansprüchen aus-streckend, hatte er auch gebeten, ihm seine Steuerquote zu ermäßigen und — es scheint unglaublich — der Kaiser möge befehlen, daß er den Rest des Kaufgeldes seiner Güter den Gläubigern in geeigneten Schuldverschreibungen abtragen dürfe.⁶) Natürlich wurde dies abgeschlagen, da Niemand zu zwingen sei, dergleichen

---

¹) Diese Verhältnisse haben auf den Grundbesitz des von Knobelsdorff'schen Geschlechts wahrhaft vernichtend gewirkt: Hirschfelde, Oehl-Hermsdorf, Schwiebus, Gersdorf, Treppeln, Fritschendorf, Morplz, Kunzendorf u. Pilgramsdorf gingen allein an alten Stammsitzen verloren, anderer Güter, wie: Gr. Bohra, Muschten, Oscherschütz, Oblath, Guhren, Plau, Langmeil, Hänichen, Neudorf, Ullers-dorf, Mertenwalde, Börlchen ꝛc. sowie derjenigen Concurse, aus denen die Familie das Gut wieder-taufte, garnicht zu gedenken.

²) nicht zu verwechseln mit den sogen. Gnadenkirchen, die Carl XII. von Schweden 1709 den Schlesiern auswirkte u. von denen eine der Landesälteste u. Mannrechtsbesitzer Christoph Gottlob von Knobelsdorff a. d. H. Schwiebus-Rüdersdorf auf Mittel-Hirschfelde, Kunzendorf und Girbigs-dorf den Sagamern verschaffte. ³) s. p. 347.

⁴) 1647 Joh. Grünltius v. Tannberg, Bürgerm. zu Münsterberg; 1648 Georg Schmolez, Schleifer u. Tuchscheerer z. Breslau, Martin Schmidt, Bürgerm. z. Brieg.

⁵) Zimmermanns Beitr. z. Beschr. v. Schles. T. 5. p. 175.

⁶) mit klaren idoneis recognitis et exigibilibus nominibus.

1648—50. Papiere zu nehmen.[1]) Welche Geldwirthschaft es aber gewesen sein muß, die ihm so viel Schuldbriefe in die Hände führte, wie er fort und fort speculirte und selbst die Gunst des Kaisers dazu mißbrauchen wollte; das erkennt man hieraus und begreift, wie es bei dem allgemeinen Elend möglich war, daß sein Vermögen unaufhörlich wuchs.

Statt zweier Monate blieben die Schweden noch zwei Jahre im Lande, um die Ausführung der Friedenstractate zu überwachen. Dies mag unser Oberamtsrath in seinem Urtheil über die Intentionen des Hofes betreffs der Religion außer Acht gelassen haben. Seitdem nicht mehr alle Lutheraner in seinen Augen Rebellen waren, seit ihm deren Güter nicht mehr als Beute zufallen konnten; war sein Haß gegen sie gekühlt, und seit sich der Kaiser wieder einen protestantischen Oberhauptmann gefallen ließ, seit, wie schon in den letzten Kriegsjahren geschienen, gegenseitige Duldung der Parteien in der Möglichkeit lag,[2]) mag Knobelsdorff geglaubt haben, daß einige Toleranz am Hofe Raum gewinne. Vielleicht hat er in den ständischen Verhandlungen die protestantische Seite mit dieser Ansicht zu ködern gewußt und schließlich selbst daran geglaubt, als er sah, daß Ferdinand die katholische Partei nicht gewaltsam vertrat. So suchen wir es zu erklären, daß er den Evangelischen in Ullersdorf die Kirche restaurirte[3]) und sich im December 1648 dem duldsamen und doch hochbegünstigten Wenzel von Sagan-Lobkowitz, der mit einer Protestantin vermählt war, durch einen Neujahrswunsch empfiehlt, indem er an ihre Bekanntschaft von seiner Fahrt nach dem Kienast, wo ihm der Herzog bei Colloredo viel Förderung erwiesen habe, anknüpft.[4]) So erklären wir es, daß er den Auftrag annimmt, den protestantischen Freiherrn von Schönaich in Folge der Friedensbestimmungen 1650 in Beuthen wieder einzusetzen und die Unterthanen von dem Eide loszusprechen, welchen sie 1637 dem mit der Herrschaft begnadigten General von Götz geleistet hatten.[5]) Er irrte, wir bezweifeln es nicht, über den Umfang der Mäßigung des Kaisers und wurde darin bestätigt; als 1649 Christoph Leopold von Schaffgotsch, der katholische Sohn des protestantischen „Hochverräthers", zum Oberamtsrath ernannt, als demselben, da seine Mutter eine Prinzessin, Sitz und Stimme vor allen Räthen gleich hinter dem Canzler verliehen,[6]) als 1650 den Schaffgotschischen Söhnen die meisten väterlichen Herrschaften zurückgegeben wurden.[7]) Da nun im Juli und August die Schweden abmarschirten und der Religionsdruck zwar wieder begann, doch mit einer Zurückhaltung betrieben wurde, die von dem früheren Verfahren grell abstach; da war es wohl möglich, daß Knobelsdorff, der unter Ferdinand II. eine seltene Schule der Gewaltsamkeit durchlaufen hatte, in Wien eine versöhnlichere Stimmung vermuthete, als vorhanden war. Er glaubte sich schließlich ihr hinzugeben und,

---

[1]) Kaiserl. Rescr. d. d. 3. Novbr. 1648. Stillfried'sche Samml.
[2]) Wuttke T. 2. p. 166 u. 167 giebt viele Beispiele der Duldung.
[3]) Ehrhardt u. Henßel nennen U. unter dem 1653 u. 54 eingezogenen evangl. Kirchen.
[4]) d. d. 25. Dec. Raudn. Arch.
[5]) geschah den 9. Jan. zu Karolat. Klopsch Gesch. d. v. Schönaich. Heft 4, p. 209. Götz war 1645 bei Jankau geblieben.
[6]) Stillfried'sche Samml. Kaiserl. Rescr. d. d. 5. Dec. 1649, alte Abschr.
[7]) Kemnitz u. Trachenberg nicht.

statt seine Kirchen in Ullersdorf und Sachwitz ohne Weiteres katholisch zu machen, 1640.
sie den Evangelischen lassen zu dürfen, ungeachtet des Fürstbischofs, der in seinem
Canth'schen Amt schon eifrig reformirte.

Knobelsdorff stand beim Kaiser in zu hoher Gunst, seine Dienste und Verbindungen waren zu ausgezeichnet, als daß ihm etwas schaden konnte, was noch Niemand bemerkte, oder mit den höchsten Absichten im Einklang geglaubt wurde. Im
Gegentheil bemühte sich Ferdinand, seinen treuen Diener, der nun dreizehn Jahr
Oberamtsrath und durch den Einschub des jungen Schaffgotsch absichtslos gekränkt
war, zu versöhnen. Er beschenkte ihn 1650 mit einem goldenen Gnadenkett-
lein, welches den stolzen Titel eines Eques Auratus seinen anderen Würden hinzufügte,[1] und, als der bisherige Canzler, Freiherr von Oberg, mit der Hauptmann-
schaft des Fürstenthums Breslau zur Ruhe gesetzt wurde, beförderte er ihn unterm
19. December 1650 bis auf Weiteres zum Oberamts-Vicecanzler.[2] — Knobelßdorff schrieb sogleich an seine Gönner, ihm zu dem wirklichen Canzleramt behülf-
lich zu sein[3] und verfaßte ein Neujahrsgratulations- und gerührtes Dankschreiben
an den Kaiser.[4] „Also wil Ich Meinen eußristen kräfften nach, Mich alles fleißes
„bey tag vndt nacht dahin bemühen, womitt Ich solches Ampt zue Ehre Gottes,
„Ew. Kaißl. Majstt. Wolgefallen vndt zu des Allgemeinen Vaterlandes Nuzen füehren
„vndt verrichten möge." „Da ich nun schon 22 Jahre diene," heißt es dann, „viel
„dabei an pressuren, rantionen vnd Verfollgungen außgestanden", bei Fürstentagen,
wie anderen schwierigen Commissionen, auch beim Oberamt ins vierzehnte Jahr
durch alle kriegerische Fälle ununterbrochen treuliche Dienste geleistet habe; möge man
mich auch die Worte des Hochseligsten Kaisers genießen lassen, die er am 10. October
1632 „auß Seinem Erlauchtisten Munde" zu mir geredet: „quod virtutum prae-
mia non nisi bene merentibus conferenda sint,"[5] und mir die völlige Oberamts-
canzlerwürde verleihen, die ja in Gehalt, Ehre und Arbeit mit dem Vice-Canzleramt
gleich ist." — (Er mußte sich noch einige Monat gedulden. Als er aber mit Schaff- 1651.
gotsch in Conflict gerieth, weil dieser in Abwesenheit des Oberhauptmanns das Präsidium und entscheidende Votum begehrte; ernannte ihn Ferdinand unterm 1. März 1651
in einem sehr gnädigen, anerkennenden Schreiben zum völligen Oberamts-Canzler in Ober- und Niederschlesien.[6] Am 5. März hielt Knobelßdorff den Ehren-
lohn und Triumph seiner rastlosen Arbeiten in Händen: die höchste in Schlesien für
ihn erreichbare Stelle war erreicht!

Durch den langen, den schrecklichsten aller Kriege waren alle Bande gelockert,
die Sitten des Volkes verwildert und dessen Thatkraft gebrochen worden; eine starke

---

[1] d. 3. Aug. 1650 unterschreibt sich v. K. zuerst mit diesem Titel. Stillfried'sche Samml.
[2] ibid. s. Urkb. Bel. e. c. [3] so an Wenzel v. Lobkowitz d. d. 25. Dec. Rauch. Arch.
[4] d. d. 27. Dec. Stillfried'sche Samml.
[5] d. h. weil der Lohn der Tugend nur Wohlverdienten zu spenden sei.
[6] s. Urkb. Bel. z. d. Biogr. Stillfried'sche Samml.

1650—54. Regierung war daher ein wirkliches Bedürfniß. Dieß beuteten der Hof und das Oberamt weidlich aus, um Schritt vor Schritt die kaiserliche Gewalt zu vermehren, die ständische zu beschneiden. Die wenigen alten Herzöge waren entkräftet, den neuen war überall das Gesetzgebungs- und Besteuerungsrecht vorenthalten worden;[1]) daher unterlagen die also in der ersten Curie geschwächten Stände, welche sonst die Gegenstände der Berathung vorschlug, dem Einfluß des Oberamts, dem die Abfassung des Beschlusses, das votum conclusivum, zustand und es immer ausgedehnter anwandte. Seit der Mitte des siebzehnten Jahrhunderts, erzählt Wuttke, — also seit Knobelsdorffs Präsidium im Oberamt — galt der Grundsatz, daß kein Gesetz oder Statut ohne höchste Genehmigung kräftig sei. Fürsten und Stände durften fast nur über das verhandeln, was vorgelegt wurde, und dies waren Steuersachen, in denen es Knobelsdorff trefflich verstand, mit ihnen umzugehen. Vorstellungen, die von ihnen ausgingen, wurden in die Fürstentagsbeschlüsse garnicht aufgenommen; sie waren dem Oberamt vorzutragen, welches sie begutachtet nach Prag oder Wien sandte. Wie sich dieses auf solche Weise gleichsam zu einer Behörde über den schweigend duldenden Fürsten und Ständen erhob; so auch die Landeshauptleute der Erbfürstenthümer, welche als ehemalige Oberamtsräthe,[2]) in der absolutistisch-katholischen Regierung gut geschult waren, über den Fürstenthumsständen.[3]) Da nun die Hauptleute dem Oberamt untergeben waren; so fügte sich Alles dem Wink des Kaisers ohne Widerspruch: noch zitterte Jedermann vor dem Klang seines Namens. Ueberdies stand dem Oberamt in allen Fürstenthümern, die der alten Herzöge ausgenommen, die Einziehung der Steuern zu; es bildete für diese Länder eine Art obersten Gerichtshofes, und erließ alle Verordnungen im eigenen Namen. — Bei der häufigen Abwesenheit des Oberhauptmanns und dessen beschränktem Einfluß war Knobelsdorff mit seinen Fähigkeiten und seiner großen Thätigkeit schon längst, doch jetzt als wirklicher Präsident auch rechtlich die Seele der absolutistischen Bestrebungen des Oberamts: sein fester, zäher Wille und eine gewisse Neigung zur Gewaltsamkeit eigneten ihn hierzu ganz besonders. Das Recht, die Gegenstände der Berathung oder obergerichtlichen Entscheidung dem Collegium vorzulegen, wodurch Verzögerung wie Beschleunigung seinem Willen anheimfiel, das beschließende Votum in den Sitzungen des Oberamts, die Steuereinziehung mit ihrer Strenge oder Nachsicht und endlich die Berechtigung, alle eingehenden Briefschaften zu eröffnen; dies legte, wenn er eigenmächtig verfahren wollte, trotz aller Beschränkungen noch eine große Macht in seine Hände.

Nach dieser allgemeinen Scizzirung der neuen Amtsthätigkeit Martins, ehe Einzelnes derselben besprochen wird, beleuchten wir noch einmal seine Privatverhältnisse. Sein Vermögen hatte sich derartig gemehrt, daß er im Stande war, am 28. Januar 1650 von Heinrich von Festenberg-Packisch, dessen gänzlich wüst liegendes und in Steuern verschuldetes Gut Nieder-Fürstenau nahe bei Kammendorf für 5000 Thaler zu erkaufen.[4]) Die Nothwendigkeit, es durch Anwendung von Capitalien ertrags-

---

[1]) 1653 wurden auch Münsterberg und Frankenstein von Ferdinand widerrechtlich dem Grafen Auersberg übergeben.

[2]) sonst im Fürstenthum ansässige Edelleute.

[3]) s. Wuttke a. a. O. T. 2. p. 84, 101, 104—106.

[4]) Schles. Prov. Arch. Acten v. Fürstenau.

fähig zu machen und eine unglückliche Feuersbrunst, die ihm etwa im Juni 1650 _{1650—54.} Kammendorf in Asche legte,[1] störten das Wachsen seines Reichthums nicht. Im August laufte er zur Schlichtung eines alten Zwistes mit dem Gute Pannwitz[2] den Kretscham und das Gütchen die Limerei zu Sachwitz für 300 Thaler,[3] konnte 1651 das Stiler'sche Rittergut Ocklitz, seinen Besitzungen nahe, für 5000 Thaler an sich bringen, für nur 5000, da ebenfalls rückständige Steuern darauf lasteten, die er von 1652 bis 1655 bequem abzahlte,[4] und befriedigte endlich 1652 den letzten Gläubiger von Kammendorf, Sachwitz und Straben mit über 4000 fl.,[5] genügende Beweise, wie sehr seine Finanzen blühten. Aus seinem Palatinat kann er dies Alles nicht geschöpft haben; denn von 1651—1653 ein Notar, ein Wappen,[6] was wollte das bedeuten! Wir wollen sein höheres Gehalt, die gute Bewirthschaftung der Güter, seine Sparsamkeit und glücklichen Speculationen in die Wagschale legen, um solche Fortschritte in einer Zeit, wo Alles darbte, zu verstehen. Sie allein erhielten ihn auch noch in Unruhe; denn im Uebrigen zeigte seine hastige Strebsamkeit ein merkliches Nachlassen, seit das Ziel seiner Beamtenlaufbahn und an Ehren und Titeln das Mögliche erreicht war. Wir sehen ihn in freundliche Beziehungen zu einigen Gelehrten und Schriftstellern treten: zu Heinrich Klose, dem Rector des evangelischen Gymnasiums von Maria Magdalena in Breslau, zu Caspar Titschard, dem 1629 aus Reichenbach Verjagten, jetzt Diaconus der Kirche gleichen Namens, Verfasser der berühmten Loci communes schlesischer gravaminum, endlich zu Nicolaus Henelius von Hennenfeld, dem schlesischen Geschichtschreiber. Sie sind sämmtlich Protestanten, unter denen sich damals allerdings fast der ganze Rest geistigen Lebens concentrirte. Wir müssen dies so seltsam wie unvorsichtig finden, müssen der Vermuthung Raum geben, daß alte Sympathien für seine einstigen Glaubensgenossen in ihm erwachten, oder daß er in eitler Ueberhebung glaubte, sich Alles erlauben zu dürfen. Als Klose 1651 starb, dichtete er ihm zu Ehren eine lateinische Elegie, welche der gedruckten Leichenpredigt beigefügt wurde und das Thema behandelte:

Merito datur Celeusma Nautis, Ceroma Athletis, Corona pie defunctis.[7] Leider ist sie uns nicht zu Gesicht gekommen. Für Titschard fertigte er 1654 einen Wappenbrief,[8] und Henelius bat ihn in schmeichelnden und scherzenden, lateinischen Versen, ihm 200 Thaler aus der Steuerkasse zu leihen.[9] — Wohl hielt er seine Verbindungen mit den einflußreichen Großen aufrecht, doch kehren in seinen Briefen nur ähnliche Themata wie das des Henelius wieder. Dem böhmischen Statthalter

---

[1] erhält deshalb Kaiserl. Urlaub d. d. 12. Jul. Stülfried'sche Samml. [2] im Ocklitschen. [3] d. d. 3. Aug. 1650. Hans v. Borsnitz auf Pannwitz tritt seine Rechte ab. Den Besitzer laußt v. K. aus. Stülfried'sche Samml.

[4] Quittungen d. 1651, 52, 53, 55. ibid.

[5] s. p. 368, Anmerk. [4]

[6] 1651 Wappenbrf. für Georg Heynecclus, Advoc. u. Bürger zu Breslau.

[7] Sinaplus. Thl. 2. Mit Recht gebührt den Schiffern das Steuer, den Ringern die Wachssalbe und die Krone den frommen Verstorbenen.

[8] 1654 auch für Joh. Nicol. Winkler, der 7 J. in seinen Diensten gewesen, u. 1 Rotariat.

[9] Schles. Prov. Arch. f. Urk. Bel. z. d. Biogr. — H. v. H. auf Ottendorf u. Grünrade, Kaiserl. u. Herzogl. Liegnitz-Brieglscher Rath, auch Syndicus v. Breslau, † 1656. Seine Wittwe, Anna Kunigunde v. Zedlitzki heir. 1658 Friedrich Siegmund v. Knobelsdorff u. Fritschendorf auf Bolmowitz, Bruder der Helene v. K., welche an den Dichter von Logau verh. war.

48*

1451. 52. Lobkowitz[1]) schreibt er 1651, daß er sich um gewisse Dinge kümmern werde; schreibt ein andermal,[2]) er wolle dem Cardinal Harrach behilflich sein, obgleich dies von den Ständen wegen der Landesverhältnisse nicht zu erwarten sei, — es war offenbar eine Steuerverminderung gemeint, — und 1652 benachrichtigt er den Herzog von Sagan,[3]) er habe es im Collegium auf seine Empfehlung durchgesetzt, daß den Grafen Gleichen und Haßfeldt die Steuer auf 2700 fl. festgestellt, ihm aber von Fürsten und Ständen wegen Verwüstung seines Herzogsthums 8000 fl. erlassen seien. — Hat er dies Alles im Sinn der Gerechtigkeit oder wenigstens nur aus Gefälligkeit gethan? —

So unverkennbar sich unser Canzler auf der Höhe des äußeren Glückes befand; soviel herbe Schläge hatten seine Familie getroffen. Von zwei Söhnen und sechs Töchtern, die ihm Maria, seine Gemahlin, geboren, war ihm nur ein Töchterchen geblieben; als am 16. März 1652 nach einem schmerzvollen Krankenlager der Allmächtige auch die Gattin von seiner Seite riß.[4]) Wir zweifeln nicht, daß ihn diese Verluste aufs Tiefste erschütterten, denn er hatte ein Herz: manche kleine Züge von Gutmüthigkeit, zu unbedeutend, um sie zu erwähnen, laufen zwischen seinen wohlberechneten Schritten hindurch. Doch wie alle energischen und gewandten Menschen selbst aus dem Unglück Nutzen zu ziehen suchen, so auch er. Nachdem er seine „Herzliebste" am 26. mit allem Pomp zu St. Vincent in Breslau bestattet und dazu viel hohe und fürstliche Personen, so Herzog Christian von Liegnitz und Brieg, eingeladen hatte;[5]) suchte er bald eine zweite Gefährtin, die seine einflußreichen Beziehungen durch Verwandtschaft befestigen, ihm einen Sohn schenken und dadurch den rastlosen Mühen seines Lebens ein Ziel geben sollte. Er hatte schnell gefunden: Walpurga Helene Barbara, die Tochter des kaiserlich königlichen Geheimsecretairs, Hof- und Appellationsraths Clement von Holdorff auf Wazau und Olberndorf wurde ihm schon am 2. Juli[6]) zu St. Vincent, da, wo vor kaum vier Monaten er sein treues Weib bestattet hatte, angetraut. Die Vertreter des Kaisers und Königs, des Fürstbischofs von Breslau, Prinz Carl Friedrich von Polen, des Herzogs Georg Rudolph von Liegnitz und Brieg und Anderer, welche sich in solchen Fällen auch durch ein Hochzeitsgeschenk zu repräsentiren pflegten, wohnten dem Feste bei. Die Titel seines neuen Schwiegervaters sprechen für dessen Wichtigkeit; da derselbe aber in der böhmischen Canzlei auch Referent aller Religionsangelegenheiten war;[7]) so gewinnt Knobelsdorffs Wahl noch eine besondere Bedeutung. Hatte er erkannt, wie irrthümlich seine Meinung über die religiöse Toleranz des Kaisers, wie leichtsinnig er gewesen sei, sich gegen die Protestanten und in Religionssachen mehr als gleichgültig zu zeigen? —

Sehen wir nicht allzu scharf, indem wir dem nachstehenden Fall, so kleinlich er ist, tiefere Bedeutung zuschreiben, so war es hohe Zeit, daß er klug diesen Weg zu seinem Sturz verlegte. Im Februar 1652 hatte er den Fürstbischof gebeten, unter dessen Hoheit ja seine Canth'schen Güter lagen, ihm für Kammendorf und Sachwitz

---

[1]) nicht Wenzel, sondern Christoph Friedrich, d. d. 6. April. Raudn. Arch.
[2]) d. d. 17. Nov. 1651. ibid.   [3]) d. d. 19. October Raudn. Arch.
[4]) Schles. Prov. Arch. Schrb. d. d. 22. März an Herz. Christian v. Brieg.
[5]) ibid. Sie ließen sich in der Regel durch einen Abgesandten vertreten, dem dieselben Ehren als ihnen zu erweisen waren.   [6]) al. 10. Juli.
[7]) Ehrhardt. a. a. O. T. III. Hauptabschn. 2.

das Brau- und Schankrecht zu verleihen. Wir meinen: nicht zufälliger Weise 1648. verzögerte sich die Entscheidung auf dies Gesuch einer so hochgestellten Person Monate lang und war im Juli, als Knobelßdorff heirathete, noch nicht erledigt. Ein Ober-amtsrath hatte bei dieser Feier den Herzog Georg Rudolph, aber auch den durch Dienstpflichten abgehaltenen Vater der Braut repräsentirt, weßhalb ihm bei der Trauung wie beim Festmahl vor allen Anderen der Vorrang gegönnt worden war. Dies vermerkte Sebastian von Rostock, der Vertreter des Bischofs, des polnischen Prinzen, der die letzte Eigenschaft des Raths nicht kannte, sehr übel und klagte es seinem Herrn, der es sehr ungnädig aufgenommen und jenes Gesuch nun ganz bei Seite gelegt haben soll. So faßte wenigstens Knobelßdorff die Sache auf, setzte dem Prinzen Alles auseinander, erzählte, daß ihn Rostock nebst dem Vertreter des Kaisers zum Altar geführt habe: es blieb kein Schimmer der Zurücksetzung des Prin-zen-Bischofs gegen den Herzog übrig, und dennoch erfolgte keine Entscheidung auf das Gesuch,[1]) vermuthlich, weil man ihm wegen lauer Gesinnungen grollte. Erwägt man, wie damals die religiösen Verhältnisse das ganze Volksleben durchbrangen, wie sich Alles in gegnerische Lager theilte, denen die Politik nur nothdürftige Punkte der Ver-einigung bot; zieht man in Betracht, daß der Archidiacon von Rostock seiner Partei mit ungemeinem Eifer angehörte[2]); so wird man obige Vermuthung nicht ganz verwerfen, zugleich aber auch Knobelßdorffs Bestürzung ermessen, als ihm deutlich wurde, daß Ferdinand III. zwar nicht mit der ganzen Härte, doch in dem Geiste seines Vaters gegen die Protestanten verfahren wollte.

Früher als der Canzler hatten dies die Fürstenthumsstände von Breslau, Schweidnitz, Jauer und Glogau herausgefühlt und 1649 fünf Edelleute entsandt, die dem Kaiser aufs Rührendste die religiösen Zustände wie ihre Besorgnisse schil-derten und, wenn ihnen selbst auch Religionsfreiheit gelassen war, doch um Rückgabe der städtischen Kirchen und Schulen baten. Sie waren abschläglich beschieden worden: „der Kaiser thue nichts aus Haß, sondern aus Liebe zu seinen Unterthanen und wolle sie alle gern selig wissen." Als 1650 die Schweden abgezogen, hatten auch die letzten Stadtprediger weichen müssen; es wurden dagegen vor Glogau, Jauer und Schweid-nitz die Plätze zu den Friedenskirchen angewiesen, während der Adel auf dem Lande noch evangelischen Gottesdienst hielt und hoffte, daß es so bleiben werde. Man ließ aber der ruinirten, ländlichen Bevölkerung nur Zeit, ihre verstrauchten Felder zu cultiviren, ihre Häuser aufzubauen, ließ also ein Band entstehen, das die Auswan-derung nach Polen, Sachsen und Brandenburg erschwerte; dann schritt man ein. Vom Regensburger Reichstag schickte Ferdinand unterm 19. December 1652 den Be-fehl, nicht an den protestantischen Oberhauptmann, sondern an Knobelßdorff und sein Collegium: in allen Erbfürstenthümern die evangelischen Geistlichen fortzuschaffen und dem Fürstbischof den Auftrag zuzustellen, daß er exemplarische Geistliche bereit halte, die erledigten Stellen einzunehmen. Ohne die Leitung des ganzen Geschäfts aus der Hand zu geben, übertrug das Oberamt den Landeshaupt-leuten sogleich die Ausführung des Befehls. Dieselbe stieß aber, wenn auch die

---

[1]) Schles. Prov. Arch. Acten v. Kammendorf und Schwitz.
[2]) s. das Folgende.

1652. fürchterlichen Kriegsdrangfale die moralische Kraft der Schlefier gebrochen hatten, bei Adel und Geistlichkeit auf so zähen, wenn auch friedlichen, und bei der Bevölkerung hier und da selbst auf gewaltsamen Widerstand, daß Ferdinands Wille erst nach ein und einem halben Jahre erfüllt war. Jetzt leben die Schlefier mehr als 120 Jahre unter protestantischem Scepter, doch sind die Folgen dieser katholischen Reformation nur zu erkennbar und haben so durchgreifend auf die Provinz eingewirkt, daß wir unsers Canzlers bedauerlichstes Werk nicht Anders als eingehend besprechen können. Der Kaiser hatte es befohlen, darum führte es Knobellhdorff zu Ende; aber er ging nicht mit ganzer Seele, nicht mit rechtem Verfolgungseifer an die Arbeit. Weshalb nicht? —

1653. Vor den Schweidnitz-Jauer'schen Ständen wurde der Befehl am 14. Januar 1653 zuerst veröffentlicht. Geängstigt beschickten sie sogleich die Krone Schweden wie die protestantischen Reichsstände in Regensburg um ihre Fürsprache und baten den Kaiser wie den Thronfolger Ferdinand IV., die Ausführung des Befehls bis nach dem Reichstage zu verschieben. — Nach und nach wurde das Decret allen Fürstenthumsständen mitgetheilt. Die Glogau'schen, welche wir besonders ins Auge fassen, weil ein großer Theil unseres damals lebenden Geschlechts zu ihnen gehörte, oder durch Familienbande mit ihnen verknüpft war, deputirten ebenfalls nach dem Reichstag, um die von ihren Vorfahren gegründeten und dotirten Kirchen zu vertheidigen. Ihre Bittschrift ohne Mitleid zu lesen, sagt Ehrhardt, dazu müßte man ein mehr als steinern Herze haben. Sie legen dem Kaiser zu Füßen: Leib, Leben und was ihnen an Habe noch übrig ist; nur, bitten sie mit bekümmertem Herzen, thränenden Augen, gewundenen Händen und gebeugten Knieen, man möge sich ihrer wir ihrer armen Unterthanen erbarmen und ihnen ihre Kirchen lassen.[1] — „Der Kaiser wolle mit dergleichen nicht behelligt werden,“ lautete der Bescheid.

Im Münsterberg'schen, obgleich es im Decret nicht besonders genannt war, ging man zuerst an die Ausführung. Am 25. April sollten sich alle Prediger und Kirchenväter gestellen: statt ihrer erschienen aber in großer Zahl die Patrone.[2] Als dies die Amtsräthe sahen, schrieen sie laut auf und nahmen die eifrigsten als „rebellische Kerls“ in Haft. Andern Tages stellten sich die Geistlichen; man verlas den Oberamtsbefehl: daß sie alle in vier Wochen fortziehen müßten, inzwischen nur in Privathäusern taufen und Leichen bis an den Friedhof geleiten, auch keine Abschiedspredigt halten dürften. Man wünschte, daß die Kirchen ganz still in katholische Hände übergingen, ohne daß sich die Gemeinden dessen recht bewußt würden.[3] Dies gelang freilich nicht. Für das Reiffesche Fürstenthum und das Canth'sche Weichbild geschah die Publication am 17., im Neumarkter und Breslauer Kreise am 26. Mai; im Glogau'schen wurden die Geistlichen am 31. vorgefordert, doch die Patrone verboten ihnen hinzugehen. In Breslau, wo am 9. Juni eine nochmalige Veröffentlichung stattfand, warf ein Prediger haftig ein: man möge doch den Erfolg der Fürsprache der Reichsstände abwarten. Da fuhren ihn die Oberamtsräthe hart an:

---

[1] Ehrhardt T. III. Hauptabschn. I.
[2] Worbs, Rechte d. ev. Gemeinden in Schles. p. 88 u. Hensel Kirchengesch. v. Schles. p. 545.
[3] Wuttke a. a. O. T. II p. 176.

ob er sie regieren lehren wolle! — Meistens erhielten die Prediger sechs Wochen und 1653. drei Tage, die sächsische Frist, sich zum Abzug zu rüsten.

Wer konnte bei der ungeheuren Entkräftung des Landes von thätlichem Widerstand Erfolg hoffen; da doch die Heere mächtiger Fürsten vom Kaiser nichts erzwungen hatten? man hoffte allein auf die Verwendung der Reichsfürsten. Inzwischen aber entließ fast kein Edelmann seinen Geistlichen, fast kein Prediger ging von seiner lieben Gemeinde; neue Befehle an die Patrone und, da sie nicht gehorchten, an die Pastoren waren umsonst. Die Reichsstände hatten sich am 15. Mai wirklich für die Schlesier verwendet, der Kaiser aber das Schreiben ohne Antwort zurückgegeben, ja unterm 9. Juni dem Oberamt eingeschärft, nöthigenfalls mit Gewalt zu verfahren; denn er wünschte, daß Alles beendet sei, wenn er den Mächten antworten werde. Knobelsdorff glaubte wohl, noch ohne Gewalt fertig zu werden und durchkreuzte auf diese Weise, da sich nun das Reformationswerk in die Länge zog, jene Absicht des Kaisers. Als nehmlich Ende Juni befohlen wurde, in allen Kirchen wegen der Wahl Ferdinands IV. zum römischen König Tedeum zu singen; sahen dies die Protestanten als eine günstige Folge jener Fürbitten an: man würde sonst nicht fordern, wozu man die Mittel verboten habe, es auszuführen, meinten sie. Als nun der Canzler auf Grund des zweiten Befehls die Hauptleute ermahnte, förderlichst die Prädicanten abzuschaffen, war es wiederum vergeblich. Im Glogau'schen verordnete der Hauptmann Barwitz Freiherr von Fernemont, daß die Prediger in vierzehn Tagen das Fürstenthum räumen, daß sie Niemand beherbergen solle und drohte den Edelleuten mit Verlust ihres Patronatrechtes: umsonst, sie hielten fest über ihren Kirchen, ließen die Geistlichen nicht fort und petitionirten beim Hauptmann voll Hoffnung auf die Reichsstände.[1] Im Schweidnitz-Jauer'schen citirte der Hauptmann von Nostitz die Pastoren zum 8. Juli; es erschienen aber vier Deputirte der Stände mit einem Memorial, worin sie sich, wie auch jene gethan, auf Majestätsbriefe, Accord, Tedeum und viel Anderes beriefen und meinten, der erneute Befehl des Oberamts rühre von diesem selbst, nicht vom Kaiser oder Oberhauptmann her. So ging nehmlich das Gerücht in Schlesien und auch die Glogauer hatten diesen Punkt in ihr Gesuch an Fernemont aufgenommen. Nostitz nahm die Schrift garnicht an und erließ drohende Patente; endlich aber bewilligte er den Ständen eine Frist, bis Antwort von einem Courier einliefe, den sie wieder an die evangelischen Mächte und die Ferdinande entsendet hatten.

Bei den Glogau'schen Ständen war das Gerücht, Knobelsdorff sei der Urheber des erneuten Befehls, am Meisten eingedrungen. Sie schickten zwei Edelleute, einen Gersdorff, einen Kottwitz, nach Breslau, um nach dem zweiten Befehl zu fragen, dem Oberamt ihre Noth vorzustellen und um Aufschub zu bitten, bis der Kaiser den evangelischen Mächten geantwortet habe. Sie wandten sich zuerst an Herzog Georg von Brieg, den neuen Oberhauptmann; — Georg Rudolph war im Januar gestorben — seine Macht war aber noch mehr eingeschränkt, ja fast ganz auf den Canzler und die Räthe übertragen worden. „Ich will als armer Sünder für Euch beten," sagte

---

[1] In all' den betreffenden Verhandlungen der Glogau'schen Stände nimmt Maximilian v. Knobelsdorff a. d. H. Schwiebus-Rückersdorf auf Gr. Bohra eine hervorragende Stelle ein.

. 1652. er, „wenn man mit Euch fertig ist, wird man sich wohl an mich machen." Er schrieb jedoch an Knobelßdorff, empfahl ihm Milde und bat ihn, einen Modus zu ersinnen, der den Aufschub ermögliche. So gering diese Aussichten waren, wiegte sich doch das Fürstenthum in neuen Hoffnungen. Die Deputirten führen uns nun zu Knobelß= dorff selbst[1]). Da man am 3. Juli im Amtshause nicht Zeit gewann, sie abzufertigen; gingen sie in seine Wohnung, überantworteten ihm ihre Briefe nebst einem dienst= lichen Gruß des Fürstenthums und baten um erfreuliche Resolution. Er bedankte sich des Grußes und versprach, die Briefe morgen dem Collegium vorzutragen; doch könne nichts gegen den Befehl geschehen, der ihnen gezeigt werden solle. Anderen Tages mußten sie im Amtshause drei Stunden warten; erst als Knobelßdorff zu= fällig herauskam und sie ihm sagten, wie viele bedrängte Herzen auf sie harrten, wurden sie in die Rathsstube gefordert, wo der Canzler mit den Räthen von Neu= dorff, Hübner und Loffty Sitzung hielt. Er redete sie folgendermaßen an: „Der „Landeshauptmann hat uns auch gleich, was die Herren in dieser Sache bei ihm „eingegeben, heraufgeschickt. Die Herren sehen uns an, als wenn wir, Canzler und „Räthe, diese Sache vor uns trieben: Sie sollen aber wissen, daß wir nach Abster= „ben des vorigen Löbl. Ober=Amtsverwalters[2]) von Ihro Majestät alsobald in völlige „Verwaltung gesetzt worden, und ist bald darauf der kaiserliche Befehl einkommen, „welchen die Herren in originali verlesen hören, und dessen Abschrift bekommen kön= „nen. Was die dilation[3]) anbelangt, stehet es nicht bei uns, sondern wir müssen „Ihro Majst. Befehl nachkommen, und der Landeshauptmann thut gar wohl, daß er „denselben exequiret." Er verlas dann den Befehl vom 19. December 1652[4]). Sie machten nun unter Entschuldigungen wegen ihres Mißtrauens auf dies alte Datum aufmerksam: „inzwischen hätten ja die Reichsstände Fürsprache eingelegt, man möge ihnen also den späteren Befehl vorzeigen, auf den man sich allezeit berufe." Gers= dorff und Kottwitz mußten einen Augenblick abtreten; dann sagte ihnen Knobelß= dorff: „man hätte vernommen, was von ihnen mit ziemlicher Vehemenz weiter gesucht worden. Sie sollten sich an diesem Befehl genügen lassen, könnten auch Abschrift mitnehmen und verweisen." Sie entgegneten, daß sie geredet hätten, wie sie vom ganzen Lande instruirt worden und fragten nochmals, ob kein jüngerer Be= fehl vorhanden sei? Da antwortete Neudorff: „es ist keiner vorhanden![5]) Die Prediger könnten übrigens noch die Erndte von den Wiedemuthen mitnehmen, wenn sie nur sonst gingen." Mehr richteten die Deputirten nicht aus. — Jernemont erließ nun einen Alles erschreckenden Befehl, daß die Hofrichter der Kreise die Kirchen ver= siegeln und die Geistlichen in zehn Tagen abziehen sollten. Die Stände protestirten und beschlossen am 22. Juli als das Letzte: Maximilian von Knobelsdorff aus dem Hause Schwiebus=Rückersdorf auf Gr. Bohra nach dem Reichstag zu entsenden, was dieser, treu den protestantischen Bestrebungen seines Hauses, gern auf sich nahm[6]).

[1]) Ihr Bericht bei Ehrhardt a. a. O. T. III. p. 152—155 abgedruckt.
[2]) d. Oberhauptm. Herz. Georg Rudolph. [3]) Aufschub.
[4]) nicht den v. 9. Juni 1653.
[5]) Warum man den vom 9. Juni verleugnete, ist zu vermuthen: er enthielt vielleicht die Absicht des Kaisers, erst auf die Verwendung der evangelischen Mächte zu antworten, wenn Alles geschehen sei, und dies durfte nicht bekannt werden. [6]) Seine Instruction s. Ehrhardt T. III. p. 159.

Kaum aber hatte dies der Hauptmann erfahren, so setzte er sie allesammt in Arrest und forderte, daß sie Deputirte wählen sollten, welche mit den Hofrichtern die Kirchen versiegelten. Da sie dies aber, als gegen Religion und Ehre streitend, zurückwiesen, begnügte er sich endlich mit dem Versprechen, bis zur kaiserlichen Resolution auf die Verwendung der evangelischen Mächte, ihre Kirchen geschlossen zu halten, und ließ sie frei. An seine Stelle kam jetzt ein Freiherr von Gersdorff, der sich sogleich an die Ausführung des kaiserlichen Befehls machte, aber nur die Versiegelung der Kirchen durchführen konnte, da man nebst den Schweidnitz-Jauer'schen Ständen wieder bei den Reichsfürsten supplicirt, auch wieder das Oberamt beschickt hatte und sich deshalb neuen Hoffnungen hingab.

Am 21. August legten die evangelischen Mächte abermals beim Kaiser Fürbitte ein, doch ohne besseren Erfolg, als das erste Mal. Jetzt lud Nostitz die Prediger seiner Fürstenthümer zum 30. October wieder vor; es kamen nur vier, welche protestirten. Zu Rauske und Profen, wo die Bürgermeister von Striegau und Jauer die Kirchen verschlossen hatten, öffnete sie das Volk wieder, ließ predigen uud beschwerte sich bei den Churfürsten von Sachsen und Brandenburg. Als der Striegauer Bürgermeister auch in Offiz die Kirche schließen wollte, liefen die Weiber zusammen und drohten ihm mit Steinen. Viele Kirchen bewachten die Landleute bei Tag und Nacht. Im Glogau'schen ergingen am 6. November wieder Patente zur Abschaffung der Geistlichen, wieder kam die Ritterschaft zusammen und beschloß, beim Kaiser neue Vorstellungen zu machen, inzwischen aber die Prediger nicht fortzulassen. So war fast ein Jahr vergangen und, auf die Majestätsbriefe und den sächsischen Accord gestützt, hatte fast Niemand des Kaisers Willen erfüllt, fast überall lehrten und predigten noch die Pastores.

Nun endlich beschlossen Knobelßdorff und seine Räthe, nachdem sie vom Kaiser unterm 13. November nochmals dazu Befehl erhalten[1]), mit Gewalt vorzugehen. Man bildete gemischte kaiserliche und bischöfliche Reformations- oder Reductions-Comissionen zur Einziehung der Kirchen und empfahl ihnen Beschleunigung, um das Versäumte nachzuholen; denn noch zögerte Ferdinand mit der Antwort an die evangelischen Reichsstände, derer Hilfe er benöthigt war, und konnte noch immer nicht sagen, daß Alles geschehen sei. Die Commissionen begannen gegen Mitte December ihre Arbeit: zogen von Ort zu Ort, vertrieben den Pastor, verzeichneten das Kirchenvermögen, versiegelten das Gotteshaus oder setzten katholische Pfarrer ein. Der bischöfliche Official von Rostock zeigte sich dabei besonders eifrig. Im Glatzischen und in einigen Strichen Oberschlesiens fand das Geschäft nicht statt, da es dort vor Jahren durchgreifend beendigt war; die Saganer kamen noch nicht an die Reihe[2]) und die Liegnitz-Brieg-Wohlau'schen wie die Oels-Bernstadt'schen Lande wurden wegen ihrer Fürsten verschont. Aber in allen übrigen, nicht nur in den Erbfürstenthümern, trieben die Reformatoren gleichzeitig, am Frühesten im

---

[1]) Hensel a. a. O. p. 415.
[2]) Die protest. Gemahlin Wenzels v. Lobkowitz schützte sie, aber 1668 traf sie das gleiche Schicksal. Der fromme Johann Christoph v. Knobelsdorff auf Rückersdorf, der darauf seinen Unterthanen aus Postillen Vorlesungen hielt, wurde deshalb seines ständischen Ehrenamtes als Mannrechtsbeisitzer entsetzt.

1654. Breslau'schen, ihr Wesen. Am 14. Januar 1654, als Ferdinand endlich die evangelischen Mächte bescheiden mußte, war die Arbeit wenigstens im besten Gange[1]).

Knobelßdorff schreibt am 22. December dem Fürsten Wenzel von Loblowitz[2]): „Das Reformationswerk hat sich bisher ziemlich widerwärtig anlassen wollen, indem „die Bauern in verschiedenen Orten sich zu drei- und mehreren Hunderten vor die Kirchen „auf die Friedhöfe mit allerhand Waffen vnd Instrumenten zum Widerstand zusammen „begeben, deshalb man ihnen bei Zeiten zu steuern ein Paar Hundert Musketier vom „Lontischen Regiment nach Stabelwitz commandirt." An diesem Ort, der bis 1648 der bekannten Obristin von Knobelsdorff gehört hatte[3]), fanden nehmlich die Commissarien am 15. December den ernstlichsten Widerstand. Der Pastor erschien vor ihnen in zahlreicher Begleitung, welche erklärte, sich ihre Seligkeit und ihren Seelsorger nicht nehmen zu lassen, mit ihm leben und sterben zu wollen. Alle Versicherungen, man wolle sie nicht zur katholischen Religion zwingen, waren umsonst, und selbst als Knobelßdorff die Soldaten schickte, fügten sie sich nicht. Auf dem Kirchhofe hatten sich die Bauern und Weiber von siebzehn Gemeinden mit Büchsen, Heugabeln, Knitteln und Messern versammelt und sangen: eine feste Burg ist unser Gott. Sie wurden umringt und ermahnt, die Waffen abzulegen, antworteten aber: man möge ihnen, um Gottes und des jüngsten Gerichts willen, ihre Kirche lassen. Die Musketiere drangen auf sie ein, gaben Feuer und es entspann sich ein Scharmützel, in welchem 10—12 Soldaten verwundet, die Bauern aber versprengt, 3 getödtet und viele verwundet wurden, von denen noch 5 andern Tages starben. Die Kirche ward fortgenommen und ein katholischer Geistlicher eingesetzt. — Dies traurige Ereigniß verbreitete Schrecken weit und breit. „Als solches", schreibt Knobelßdorff an Loblowitz weiter, „die andern rebellischen Bauern zu Weichwitz, Gr. Schuttlau, Jeschkittel, „Auris[4]) erfahren, sind sie von ihrem vermeinten Posten nach Hause gelaufen vnd „ohne Widerrede die Kirchenschlüssel abgegeben. Hoffentlich ist dieses kleine Pauer-„kriegel nunmehr gestillet." — Mit Auras hatte es folgende Bewandtniß. Die Besitzerin, Frau von Saurma, hatte schon im Mai ihren Pastoren verboten, zur Befehlspublication zu gehen, weshalb Knobelßdorff dieselben vor sich beschieden und das Erforderliche mitgetheilt hatte. Sie kam beim Oberamt ein, ihr die Prediger zu lassen und hielt sie noch in Thätigkeit, nachdem ihr der Canzler am 15. September und 4. December befohlen, sie abzuschaffen. Als am 8. die Commissarien bei ihr erschienen, scheiterten sie an der Widersetzlichkeit der Einwohner; erst da inzwischen das Stabelwitzer Gefecht vorfiel, und sie am 20. mit den 200 Soldaten einzogen, gelang es, den Widerstand der wackeren Frau zu brechen, der ihren Bürgern freilich eine harte Behandlung Seitens der Soldaten zuzog. Dennoch waren vom Weibsvolk Wenige in die Messe zu bringen. — Auch in Schoßnitz bei Canth widersetzten sich die Landleute mit Stangen, Spießen und Heugabeln der Wegnahme ihres Gotteshauses,

---

[1]) Worbs a. a. O. p. 83.

[2]) Raudn. Arch.

[3]) 1653 dem kathol. Kammerpräsidenten v. Zorno.

[4]) Woizwitz, Gr. Schottgau, Jäschkittel und Auras. Das 1. u. 2. Dorf gehörten damals Ernst Pförtner v. d. Hölle, dessen Tochter Balthasar Siegmund v. Knobelsdorff und Fritschendorff auf Wolnewitz heirathete und ihm Gr. Schottgau und Schwelwein zubrachte.

so daß die Commission wiederum Soldaten holen mußte, um durchzubringen[1]); in ¹⁴⁴⁴ ⁵⁴· Freiburg und Arnsdorf mußten Musketiere und Reiter die Männer, Weiber und den Pöbel von der Kirche wegstoßen[2]), und auch zu Gr. Osten im Glogau'schen weigerte man sich, die Schlüssel herzugeben, bis 50 Soldaten die Kirche mit Gewalt fortnahmen. Seitdem minderte sich die Widersetzlichkeit, hier und da war man noch trotzig und erklärte, daß man nur der ungerechten Gewalt weiche. „Unhöfliche" Guts-herren wurden deshalb verhaftet. Zu Starpel im Schwiebusischen leistete man noch bewaffneten Widerstand und oft nach Abzug der Commission ward das Pfarrhaus so beschädigt, daß es für den Meßpriester unbrauchbar wurde. Unter herzzerschneiden-dem Jammer, der den Comissarien nach eigener Aussage oft die Haare zu Berge sträubte, sah das Weibsvolk der Wegnahme der Kirchen zu. Hier war die Furcht vor ihnen so groß, daß sich die Einwohner in die Büsche flüchteten; dort empfingen sie Schimpfreden oder Weheruf, und fast nirgend wurden sie in die herrschaftlichen Häuser eingelassen. Doch was half's? Unter vielen Thränen der Einwohner wurden ihre würdigen, zum Theil in Noth und Drangsal mit ihnen ergrauten Prediger in die Fremde getrieben und die zahllosen, demüthigen Supplicate der Patrone und Gemeinden an das Oberamt brachten nicht ab von dem siegreich eingeschlagenen Wege[3]).

In den Gebieten der Standesherren wurde gegen deren Willen, selbst ohne besonderen Befehl ebenso verfahren: in Militsch erschienen die Comissarien mit einem bloßen oberamtlichen Intimatum, und wirthschafteten unter den Augen des alters-schwachen Grafen Maltzahn nach Belieben. Wie tapfer auch Graf Prommnitz für den Kaiser gekämpft hatte, jetzt mußte er doch die Prädicanten aus der Herrschaft fort-weisen. Nur zu Domatschin im Oelsischen drang man sobald nicht durch; weil Herzog Silvius von Würtemberg protestirte, sich dadurch zwar starke Erinnerungen Seitens des Oberamts, aber doch nicht die bekannten Zweihundert zuzog. Knobelsdorff wagte wohl nicht, sie auch gegen einen Fürsten zu gebrauchen[4]). Zu Großburg im Breslau'schen aber, welches seit vier Jahrhunderten unter churbrandenburg'scher Jurisdiction stand[5]), erlitt das Reformationswerk geradezu eine Schlappe. Der Lehnsherr, ein von Canitz, verweigerte die Kirchenschlüssel; man schlug die Thüren ein, verjagte den Pastor Pittich und stellte einen Meßpriester an. Churfürst Friedrich Wilhelm der Große verlangte darauf unterm 26. Februar 1654 vom Oberamt die Kirche zurück und befahl dem von Canitz, Pittich wieder einzusetzen. So geschah es. Knobelsdorff schickte nun seine Zweihundert ab, vertrieb den Pastor zum zweiten Mal und setzte den katholischen Pfarrer wieder ein, worauf der Churfürst die Sache in merkwürdiger Weise beendete. Er sandte den Obristlieutenant Balthasar von der

---

1) Hensel a. a. O. p. 346. sagt: v. K. sei selbst mit der Commission in Sch. erschienen, habe ab-ziehen müssen, und wäre dann mit Soldaten wiedergekommen. Es ist dies unwahrscheinlich, denn er setzte sich nie ohne Noth Gefahren aus.

2) Worbs a. a. O. p. 113. Hensel p. 425 u. 437.

3) Buttle T. II. p. 184. Worbs a. a. O. p. 103.

4) 1662 wurde die Kirche doch eingezogen.

5) Herzog Heinrich I. v. Breslau hatte 1234 den Hof Großburg dem Bisthum Lebus geschenkt, welches 1260 an Brandenburg kam.

1654. Marwitz mit 12 Dragonern dahin ab, der den Meßpriester auf einen von vier Ochsen
gezogenen Bauerwagen an die Gränze der Enclave fahren und dort so umwerfen
ließ, daß er auf die Breslauer Seite fiel. Dabei erklärte ihm Marwitz: wie es auf
Befehl des Churfürsten geschehen sei, ihn in dieser Art auf den Grund und Boden
zu „schmeißen", wohin er gehöre. Der Kaiser mußte wegen des schwedisch-polnischen
Krieges diese Selbsthilfe, der nun Tausende ihrer Seelsorge beraubte Lutheraner
ein Asyl verdankten, hingehen lassen. In der Folge, im Jahre 1700, machte es der
große Zulauf nöthig, das Gotteshaus zu erweitern, wodurch es, da die von Nah' und
Fern einlaufenden Beisteuern Ueberschüsse boten, eine reiche Kirche geworden ist[1]).

Im Mai 1654 war das Reformationswerk überall beendet. 254 Kirchen waren
im Schweidnitz-Jauer'schen Fürstenthum, 118 im Breslau'schen, 164 im Glogau'schen,
im Teschen'schen in einem Monat allein 50 eingezogen worden; von den anderen
Gebieten fehlen die Zahlen. 590 Kirchen, berichtet Worbs[2]), lassen sich namentlich
aufzählen, welche in dieser Zeit den Protestanten entrissen wurden, ungerechnet die,
welche sie im Münsterberg-, Teschen-, Troppau-, Jägerndorf-, Oppeln- und Ratibor'schen,
in Trachenberg, Militsch, Suhlau, Freihahn und Steinschloß verloren. Ihre Klagen
und Verwünschungen begrüßten die bevorstehende Rückkehr zum Katholicismus, und
treu harrten sie aus, so daß die Lehre des reinen Evangeliums in Schlesien nicht
unterging. Viele der eingezogenen Kirchen liegen jetzt in Trümmern, oder alljährlich
nur einmal wird vor leeren Bänken eine Messe gelesen; neben den alten Kirchen
entstanden seit 1740 neue evangelische Bethäuser; aber dennoch — fürchterliche Gewalt der Thatsachen! — ist die im siebzehnten Jahrhundert gegen drei Viertheil
betragende, evangelische Bevölkerung des damaligen Schlesiens, jetzt auf kaum die
Hälfte gesunken[3]). Wir wollten, Martin hätte sich bessere Denkmale gesetzt, als jene
geheiligten Trümmerhaufen, wünschten, daß jene Zahlen nicht für die Bedrückung
seiner ehemaligen Glaubensbrüder wie für die Unbegränztheit eines Gehorsams zeug-
ten, welcher dem des Obersten Buttler fürwahr nicht ferne steht!

Ehe wir dieser traurigen Epoche den Rücken kehren, sei noch Eines erwähnt,
um Knobelsdorff gerecht zu sein. Unter den im Canth'schen Amt eingezogenen zehn
Kirchen befinden sich zwei seines Patronats, die zu Sachwitz und Fürstenau. Warum
er nicht, nachdem ihm Ferdinands Absichten klar geworden, sogleich versucht hat, sie
katholisch und sich dadurch in Wien wie beim Bischof einen guten Namen zu machen,
ist schwer erklärlich. Ueber den Prediger Kretzschmer zu Fürstenau, der auch zu
Gr. Mohnau gehörte, hatte er freilich nicht allein die Gewalt; es war derselbe aber
eine allgemein verehrte Persönlichkeit, welche seit 1631 bei allen Nöthen des
fürchterlichen Krieges, geplündert, geknebelt und mißhandelt, doch immer treu bei
der Gemeinde ausgehalten hatte. Vielleicht hat es Martin nicht über sich gewinnen
können, gerade diesen Mann von einer seiner Kirchen auszuschließen, und mußte nun,
was er Fürstenau gewährte, auch Sachwitz zugestehen. Dies ist um so wahrschein-
licher, da der durch die Commission vertriebene Kretzschmer vom Landeshauptmann

---

[1]) Ehrhardt a. a. O. T. I. p. 663.

[2]) p. 111. giebt er 629 an, wovon 38 im Sagan'schen abzurechnen sind.

[3]) Dabei sind die lausitz. Theile des heutigen Schlesiens ab-, östreich. Schlesien hinzugerechnet.

von Roſtiß ſchon 1654 an der Friedenskirche vor Schweidniß wieder angeſtellt wurde, 1654.
wobei die Verwendung unſeres Canzlers allerdings anzunehmen iſt. Vermutheten
wir richtig, ſo kann jener Act der Duldung für den kaiſerlichen Beamten bei ſeinem
geſpannten Verhältniß zum Biſchof nicht gefahrlos geweſen ſein; mag man ihn deshalb parteiiſcher Willkür zeihen, ihm bleibt immerhin das günſtige Licht des Muthes
für einige milde Regungen ſeines Herzens.

Knobelsdorff war nur das Werkzeug der Pläne geweſen, die man in Wien für
das Heil Schleſiens geeignet hielt; die Weltgeſchichte hat ſie zu richten. Wir haben
nur die Frage aufzuwerfen, ob es des freigebornen Edelmanns würdig iſt, in ſo tief
erſchütternden und Alles ergreifenden, weil den höchſten, heiligſten, Lebensfragen des
Vaterlandes für das Amt ſein beſſeres Gewiſſen hinzugeben? eine Frage, welche uns
hier, da wir meinen, daß Martin wirklich gegen ſein Gewiſſen gehandelt hat, nicht
ſo ungeeignet erſcheint. Sein Haß gegen die Proteſtanten war nur Gewinnſucht
geweſen; denn ſeit er geſehen, daß alle Intoleranz nicht zu den Conſiscationen
führte, durch die er ſich hatte bereichern wollen, war er hierin innerlich frei geworden
und gab uns Grund genug, ihm religiöſe Dulbſamkeit zuzuſchreiben. Selbſt die
Langſamkeit, mit der er des Kaiſers Regensburger Befehl zur Ausführung brachte, auch
nachdem ihm Gewalt anheimgegeben war, läßt annehmen, daß er Ferdinands Intoleranz nicht theilte, aus Mitleid für die Bedrängten ſchonend verfuhr, oder gar ein
Nachgeben des Kaiſers hoffte. Wie würde, wenn dem nicht ſo wäre, die Energie
ſeines Willens, die ſelbſt ſeine Muthloſigkeit oft überwunden, ſchnell und entſcheidend
durchgegriffen haben! — Eine Verſammlung ſeiner Standes- und Zeitgenoſſen hätte
jene Frage ſicher mit „Nein" entſchieden; wir indeſſen wollen mit ſchonender
Gerechtigkeit bedenken, daß er zwar ein Edelmann, doch kein freigeborner in der
ganzen Bedeutung dieſes Wortes war. Wir wünſchten, er hätte es gleich den
Glogau'ſchen Ständen wider ſeine Ehre gehalten, jenen Befehl auszuführen, und
hätte nicht den Haß geſäet, von dem er Haß zu erndten hatte; doch ſolchen Fan-
tomen Opfer zu bringen, wer durfte das von ihm erwarten? That er's nicht, ſo
that's ein Anderer und erbte ſein hohes Amt. Er mag auf Dank gerechnet haben,
als er die Proteſtanten zu ſchonen ſuchte; es war aber ſtets das Loos der Halbheiten,
es Keinem recht zu machen: er verlor die Gunſt des Kaiſers und erndtete den Haß
des proteſtantiſchen Schleſiens.

Im März 1653, noch im vollen Genuß des kaiſerlichen Wohlwollens, hatte 1653.
Knobelsdorff die Bitte gewagt, in Rückſicht ſeiner langen, treuen Dienſte und ertra-
genen Leiden, damit er ſeinen Erben ein Andenken derſelben hinterlaſſe, in den Frei-
herrnſtand erhoben zu werden[1]. Die Art, wie er ſein Wappen geändert wünſchte,
ſeit er nun als Comes Palatinus der Heraldik kundig war, iſt ein Beitrag der Beweis-
führung geweſen, die dieſe Blätter eingeleitet hat[2]. Indem er den Schild quadrirt,
in die Mitte ein rothes Herzſchildchen mit dem Hügel, der Säule und den Sternen
legt, und von den vier Feldern die beiden rechts oben und links unten mit halben
gekrönten, blauen Adlern ziert; verbeſſert er die Fehler des Wappens von 1632 auf

---

[1] Stillfried'ſche Saml. ſ. Urkk. Beläge z. d. Biogr.
[2] ſ. p. 386 Note [1].

1644. folgende Weise. Die Felder links oben und rechts unten sind das alte Knobelsdorff'sche Wappen mit blau und weißem, statt des falschen, blau und rothen Balkens[1]); von zwei Helmen auf dem Schild ziert er den einen rechts mit dem alten, geschlossenen Knobelsdorff'schen Adlerflug, den andern links mit der Helmzier seines bisherigen Wappens, doch so, daß der blaue Balken ebenfalls in weiß und blau verändert ist[2]). So sucht er, seinen und seines Vaters früheren Irrthum wie die Fehler seines Majestätsbriefes zu beseitigen und sich wenigstens äußerlich dem Geschlecht angehörig zu zeigen, dessen Namen er trug und dessen Blut in seinen Adern floß. Seine Bitte ging **nicht** in Erfüllung, ja es ist zu zweifeln, daß sie je beantwortet wurde. Wohl mochte ihm die langsame Durchführung der Regensburger Befehle inzwischen das Herz des unumschränkten Gebieters entfremdet haben. Als sie endlich vollführt 1644. 24. waren, als er seine Bitte vielleicht noch einmal hätte vortragen können; da waren die Geister des Hasses und der Rache heraufgestiegen, und drohten ihn zu erdrücken.

Wie sehr man geneigt gewesen, die Unerbittlichkeit der Regierung bei Abschaffung der Prediger dem Oberamts-Canzler und seinen Räthen zuzuschreiben, ist noch erinnerlich. Daß den Protestanten ihre Majestätsbriefe und Accorde, den Ständen ihre Privilegien so ganz nutzlos sein und statt dessen nur der absolute Wille des Kaisers gelten sollte, das konnten die Schlesier so bald nicht vergessen[3]). Zu arm, verkommen und moralisch herabgedrückt durch den fürchterlichsten aller Kriege, wagten sie kaum in Gedanken ihre Bedrückung den eigentlichen Urhebern zur Last zu legen. Doch was man vor Augen hatte, von wo die Einziehung der Kirchen, die Vertreibung der geliebten Prediger ausgegangen, wohin alle ständischen Gerechtsame übergesiedelt schienen; das war das Oberamt und auf dieses warf sich der Zorn der Gequälten. Die Macht des Oberhauptmanns, des einheimischen, ältesten Herzogs, war ein Titel geworden, das wußte Jeder, und die hochfahrenden Beamten, deren Vergangenheit dunkel, deren Adel zweifelhaft, oder deren Herkommen niedrig war, sie hielten das Heft der Regierung in Händen. Unter diesen Umständen hätten die Herren des Collegiums Muster hellenischer Tugend sein können, es würde den Haß und die Verachtung nicht geändert haben, die man ihnen, wo die Furcht nicht vorwaltete, überall entgegentrug. — Im Juni 1655 ward dem Kaiser eine Klageschrift gegen den Oberamts-Canzler von Knobelßdorff eingereicht. Woher sie stammte, wissen wir nicht und auch der Angeklagte schreibt, daß "von etlichen ungenannten Mißgönnern und heimlichen Verfolgern" beim Kaiser angegeben worden sei[4]). Wir theilen die hervorragendsten Punkte der Schrift im Auszuge mit. "Er beachte", heißt es darin, "die kaiserlichen Befehle nicht und brächte manche wichtige, kaiserliche Schreiben im Collegium garnicht zum Vortrag. Er habe auch dem Kaiser nichts von dem Tumult angezeigt, den ein Oberst Devaggi veranlaßt habe und bei dem drei Menschen erschlagen seien.

---

[1]) Die Abtheilungen desselben stehen aber noch senkrecht, nicht schräg.

[2]) p. 346 Zeile 23 enthält einen Fehler: es muß blauer, statt roth und blauer Balken heißen. Der ebenda in Note [2]) Zeile 1 angegebene Unterschied ist irrthümlich.

[3]) Der Landesälteste Maximilian v. Knobelsdorff a. d. H. Schwiebus-Rückersdorf auf Gr. Bohra mußte den 27. Nov. 1654 ein gedrucktes Exemplar der Glogau'schen Privilegien dem Kaiser zu Füßen legen.

[4]) Schlef. Prov. Arch. Schrb. v. K.'s an d. Herz. u. Oberhauptm. d. d. 21. Febr. 1657.

Das Siegelgeheimniß werde nicht bewahrt und streitenden Parteien eröffne er die Vota der Räthe. Geforderte Berichte und Gutachten blieben liegen und nur die- jenigen Parteisachen, welche Geld brächten, würden erledigt[1]. Oft könne er nur durch Schenkungen bewogen werden, sie zu befördern, ließe sich auch von beiden Parteien beschenken, was im Breslau'schen stadt- und landkundig sei. Er habe mehreren Ober-Steuereinnehmern befohlen, daß sie keine Steuern, die auf die kaiser- lichen Reste, sondern nur solche, die auf die Landesgläubiger abzuschreiben seien, an- nehmen sollten; weil von diesen Emolumente zu hoffen seien. Auch habe er ohne Wissen des Collegiums einen Vorschuß aus der Steuerkasse in Händen behalten, um damit denjenigen Landesgläubigern an die Hand zu gehen, welche ihm ein Viertheil bis ein Halb abließen, während oft nothleidende Gläubiger zurückgesetzt würden[2]. Er verführe überhaupt mit der Steuerkasse nach Belieben. So habe er viele Schuldbriefe verschiedener vom Abel für geringes Geld an sich gekauft und sich aus der Kasse be- zahlt gemacht. Er gehe ebenso bei den Steuer-Executionen unordentlich zu Werke und stelle einzelne nach Belieben in dem beschließenden Collegium zurück. Seine Executoren hätten im Schwiebusischen, Troppau- und Jägerndorf'schen Excesse began- gen und einer derselben habe dabei gesagt: sie könnten wohl etwas verdienen, wenn sie nicht mit dem, der sie schicke, theilen müßten. Unter solcher Verwaltung und Gerechtigkeitspflege seufze ganz Schlesien[3]. — Ferdinand beauftragte den oberschlesi- schen Fiscal August Frantz mit der Untersuchung dieser Klage: er sollte gehöriger Orten zuverlässige Erkundigungen einziehen; dann sollte sein Bericht dem von Knobelßdorff zur Verantwortung zugestellt und darauf vom Oberamts-Collegium gegen ihn auf dem Rechtswege verfahren werden.

Der Fiscal ging mit außerordentlicher Schärfe zu Werke. Er fand es zeit- raubend und beschwerlich, überall in Schlesien umherzureisen, veranlaßte daher das Oberamt, — den Canzler mag man einstweilen des Amtes enthoben haben — unter Mittheilung der Klage alle Fürsten, Stände, Aemter und Obrigkeiten aufzufordern, ihm darauf bezügliche Berichte und eidliche Vernehmungen zuzusenden. So geschah es, daß im ganzen Lande öffentliche Patente umhergingen und angeschlagen wurden wonach ein Jeder, der gegen den von Knobelßdorff mit Grund Klage zu führen habe Befehl erhielt, damit hervorzutreten. Nicht genug mit dieser fürchterlichen Maßregel, die seine Ehre und guten Namen ohne Vertheidigung in der öffentlichen Meinung untergrub und jene Klage gleichsam zu einer res publica machte; selbst seine Dienst- boten ließ Frantz gefangen setzen, sich weigernd, sie gegen Caution freizugeben. — Diese Rücksichtslosigkeiten wie die Bereitwilligkeit des Oberamts-Collegiums, sie zu unterstützen, lassen durchblicken, wie heftige Feinde der Canzler überhaupt, besonders unter seinen Räthen hatte, und gestattet die Annahme, daß sie seine Rechtfertigung und somit seine Rache für unmöglich hielten. Wir sind außer Stande, den Grund

---

[1] einzelne Fälle namhaft gemacht.
[2] Der v. Malpahn habe ihm von 800 Thlr. 800 fl. geben müssen. Fürst Lobkowitz habe ihm von 4000 fl. d. b. 8. Theil gelassen. s. p. 374.
[3] Arch. d. Ob. Appel. Ger. z. Gr. Glogan. Liegnitz'sche Vertragsregist. d. a. 1655 fol. 189 (jetzt im Prov. Arch. zu Breslau). Die Klagepunkte sind oben anders geordnet worden. Urkundenb. Bel. e. c.

1655 ober Ungrund jener schmählichen Anklagen zu untersuchen; möge sich der Leser selbst ein Urtheil bilden.

So zog sich das weite, dicht gewebte Netz, das Martin umgab, immer enger zusammen; als es eine gewaltige Hand zerriß. In einem allerunterthänigsten Schreiben klagte er dem Kaiser wehmüthigst, mit welch' ungebührlicher Schärfe und Rücksichtslosigkeit Franz gegen ihn vorgegangen sei. Ferdinand billigte dies Verfahren, das die Autorität seines allmächtigen Oberamts sehr beeinträchtigen mußte, keineswegs und rief den Hartbeschuldigten zu seiner persönlichen Rechtfertigung nach Preßburg. Knobelßdorff folgte dem Ruf und, wir kennen nur das Resultat: es wurden ihm 10,000 rheinische Gulden zu zahlen auferlegt[1]), er mußte auf seine Würde als Oberamts-Canzler verzichten, wogegen der fiscalische Proceß mit Verwahrung seiner Ehren in Gnaden niedergeschlagen, seine Dienerschaft in Freiheit gesetzt, die überall gegen ihn angeschlagenen Patente herabgerissen und dem Franz sein Verfahren verwiesen wurde. Ein kaiserliches Decret an das Oberamt d. d. Ebersdorf den 28. August 1655[2]) stellte diesen Verlauf der Sache glimpflich dar und erklärte feierlichst, „daß dießer nunmehr cassirte vnd völlig abolirte Fiscalische Process, „wie auch die in Vnserm Lanndt Schlesien per Patentes fürgangene Diffamation, „Ihme vnd seinen Erben an ihren Ehren, ganz unnachtheilig sein solle". Der Oberhauptmann wie das Oberamt hätten dies überall zu vermerken und den Fürstenthümern und Aemtern mitzutheilen. — An demselben Tage wurde in Georg Abraham Freiherrn von Dyhrn der neue Oberamts-Canzler ernannt[3]) und so verschwindet Martin Maximilian von Knobelßdorf von der Schaubühne des öffentlichen Lebens. —

1655—57. Auf seinen Gütern, meistens in Kammendorf, seltener in Ullersdorf wohnend, widmete er sich in Zurückgezogenheit deren Bewirthschaftung. Wohl ertheilte er noch zuweilen Notariate und Wappenbriefe[4]), doch im Allgemeinen gab er sich derjenigen Ruhe hin, welche einem speculativen Kopf überhaupt möglich ist. Uns dünkt, ihm sei die nächste, selbstgestellte Aufgabe gewesen, den Wortlaut jenes rettenden Decrets nach Kräften auszubeuten. Da ohne Zweifel die Erlegung jener 10,000 fl. Geheimniß blieb, verstand er es auch wirklich, seinen öffentlich angetasteten Namen in so hohem Grade wieder herzustellen, daß wir lange dadurch irre wurden. Schon ein Jahr nachher, am 14. November 1656, verlobte er seine einzige Tochter Clara Eusebia Renata mit einem reichen, angesehenen Cavalier, Carl Friedrich von Kalckreuth aus dem Hause Dolzig auf Kl. Hoschütz, Jakobszowitz, Kyowitz und Tzischkowitz, Unter-Landrichter und Ober-Steuereinnehmer des Fürstenthums Troppau, welcher Feierlichkeit viele Edelleute der Verwandtschaft und Nachbarschaft zu Schloß Kammendorf beiwohnten[5]). An ihrem Geburtsfest, den 29. Januar 1657, war die Hoch-

---

[1]) v. K.'s Schrb. an den Herz. Oberhauptm. d. d. Kammendorf b. 21. Februar 1657.

[2]) Schles. Prov. Arch. K. Rescriptenb. d. 1655 s. Urkb. Bel. z. d. Biogr.

[3]) Ibid.

[4]) 1657, Georg Schumann, v. K.'s Amtmann. 1658, Gebrüder Poppe, Bürger und Handelsleute in Breslau und Neumarkt. Im Ganzen hat v. K. 26 Wappenbr. 10 Notariate, 7 Legitimirungen ertheilt und 1 Magister ernannt. Er bediente sich dazu eines großen, mittleren und kleinen Palatinatssiegels.

[5]) Sinnapius a. a. O. Eheberedungs-Zeugen: ein v. Zedlitz, v. Poser, Frhr. v. Pückler, v. Niemitz, v. Schubert und v. Rechenberg.

zeit, zu welcher der Oberhauptmann, Herzog Georg von Liegnitz und Brieg, einen [1657-59.] Gesandten schickte und ihm, gleich der Stadt Breslau durch ihren gestrengen und hochweisen Rath, mit einem sehr ansehnlichen Geschenk seine Aufmerksamkeit bewies[1]). Mit dem Herzog stand er nach wie vor im besten Verhältniß; so beglückwünscht er ihn 1657 wie bisher zum Neujahr und bittet: „wie alle Zeit löblich geschehen, „ihn noch weiter in Gnaden, Hulden vndt Hochwertistem Patrocinio zuerhalten"[2]). Ein ander' Mal wagt er sogar die freilich vergebliche Bitte um Befürwortung, daß ihm 4000 fl, die er auf die 10,000 noch rückständig sei, erlassen würden[3]). Nur unter der Annahme seiner äußerlich wieder hergestellten Ehre wird es erklärlich, daß ihn der Chronist Sinapius als „unsterblichen Ruhmes würdig" bezeichnet[4]), daß Naso in seinem Discursus politicus Silesiae von seinen Tugenden und seinem Genie redet, die ihn auf seine Höhe gefördert haben[5]). Nur Conradis Silesia Togata läßt ihn etwas doppelsinnig singen:

> Caesar, Apollo, Dice, mihi nomina clara dederunt;
> Det Deus et sini mitia fata meae[6])!

Ohne den sehnlichen Wunsch nach einem männlichen Erben erfüllt zu sehen, blieb Frau von Kalckreuth sein einziges Kind. Dennoch fand er wie aus Gewohnheit seine Freude im Erwerben und auch die alte Sparsamkeit blieb rege, selbst als er diejenige ausstattete, für welche er sparte. Er hatte seiner Tochter nur 1000 rheinische Gulden als Mitgift ausgesetzt, während ihr der Bräutigam das Dreifache zum Gegenvermächtniß bestimmte. Allerdings ward sie bald die Erbin des ganzen Vermögens; denn am 9. Februar 1659, seines Alters 63 Jahr, starb zu Kammendorf der gewesene Oberamts-Canzler von Ober- und Niederschlesien, Kaiser Ferdinandi II. und III. wie auch Erzherzog Leopoldi Wilhelmi Rath, Sacrae Palatii Caesarei et Aulae Lateranensis Comes, Eques Auratus, Martin Maximilian von Knobelßdorff und Neu-Bielau auf Kammendorf, Sachwitz, Straden, Nieder-Fürstenau, Oelsitz und Ullersdorf[7]). Er wurde in der Kirche zu Sachwitz im Gewölbe vor dem Altar beigesetzt, wo seine Ueberreste neben denen seines Schwiegersohnes ruhen und von einem einfachen Stein bedeckt sind. — Seine kinderlose Wittwe überlebte ihn viele Jahre, — wir haben über deren weiteres Schicksal nichts ermittelt — seine Tochter hingegen starb schon 1660 nach kaum dreijähriger Ehe. Sie hatte ihrem Gemahl bereits einen Sohn geschenkt: Carl Maximilian von Kalckreuth, welcher außer den bedeutenden Besitzungen vom Vater den Freiherrntitel ererbte, den dieser 1678 als Rath und Landeshauptmann des Fürstbischofs im Canth'schen Weichbilde, zum Theil auf Grund seiner ansehnlichen Besitzungen erwarb. Sie ist dadurch

---

[1]) Schrb. a. d. Herz. d. d. 17. Dec. 1657. Schles. Prov. Arch. und an die Stadt Breslau d. d. Olbersdorf den 23. Jan. 1657 in des Verf. Besitz.
[2]) Schles. Prov. Arch. Schrb. d. d. 17. Dec. 1657.
[3]) ibid. Schrb. b. d. 21. Febr. 1657.
[4]) Th. II, p. 356.
[5]) auf der viertletzten Seite.
[6]) p. 152. Ehren verleh'n mir der Kaiser, Apoll und die Göttin des Rechtes;
　　Mög' ein sanftes Loos Gott mir verleihen im Tod!
[7]) Aufzeichnung seines Schwiegersohns in Stillfried's Sammlung s. c.

die Stammmutter der Freiherrn von Kalckreuth-Dolzig geworden, welche nun auch erloschen sind.

————

Du armer Martin Maximilian! Wofür hast du dich gequält dein ganzes Leben lang, wozu gedarbt und gelitten, speculirt, practicirt und die glänzenden Gaben deines Geistes vergeudet? — Du wolltest dich aufschwingen aus dem Staube und deinem Hause neuen Glanz verleihen; darum opfertest du dein Bestes: Glauben und Gewissen, und erndtetest Haß und Schmähungen ohne Zahl. Deine Kinder sanken vor dir ins frühe Grab, die einzige Tochter überlebt dich ein Jahr und ein ander' Geschlecht tritt freudig in den Besitz deiner schwer und mühsam errungenen Güter. Und hast du wenigstens etwas Großes gewirkt durch dein langjährig eifer- und gefahrvolles Streben? — Beklagenswerther Thor! Dein Kaiserhaus, deine allein seligmachende Kirche herrschen in Schlesien nicht. Das, was dazu dienen sollte, dies Land dem Erzhause zu erhalten, hat es ihm gerade auf immer entfrem- det und viele der Bedrückten machte der Glaubensdruck nur um so zäher im hundert- jährigen Widerstand. So ward die die Krone tragende Säule deines Schildes zur Lüge und der umwindende Lorbeer verdorrte schon bei deinem Leben. Du armer Mann! auch dein Geschlecht hat, dich einst verleugnet und schaut jetzt auf dich zu- rück, weil in dir manche Warnung und Lehre liegt, vor Allem die eine: Gott läßt sein nicht spotten! —

Möge Er deiner Seele gnädig sein! —

————

Berichtigung: p. 346. Z. 23. muß es „blauen" statt „roth und blauen" Ballen lauten. Die in Note ²), Zeile 1 angegebene Differenz existirt nicht.